KOMPLETNA KSIĄŻKA KUCHENNA MNISZEK LEKARSKI

Odkrywanie dzikiej strony kuchni dzięki 100 zdrowym przepisom na mniszek lekarski

Mikołaj Kowalski

Prawa autorskie ©2024

Wszelkie prawa zastrzeżone

Żadna część tej książki nie może być wykorzystywana ani rozpowszechniana w jakiejkolwiek formie i w jakikolwiek sposób bez odpowiedniej pisemnej zgody wydawcy i właściciela praw autorskich, z wyjątkiem krótkich cytatów użytych w recenzji. Niniejsza książka nie powinna być traktowana jako substytut porady lekarskiej, prawnej lub innej porady zawodowej.

SPIS TREŚCI

SPIS TREŚCI **3**
WSTĘP **6**
ŚNIADANIE **7**
   1. Frittata Mniszkowa Z Kozim Serem 8
   2. Naleśniki Mniszkowe 10
   3. Zieloni Mniszka Z Porem I Jajkami 12
   4. Hash Mniszka I Ziemniaków 14
   5. Omlet z zielonego mniszka lekarskiego 16
   6. Zielona sałatka śniadaniowa z mniszka lekarskiego 18
   7. Burrito śniadaniowe z zielonego mniszka lekarskiego ...20
   8. Zielony hasz śniadaniowy z mniszka lekarskiego 22
   9. Zielona kanapka śniadaniowa z mniszkiem 24
   10. Sałatka z jajek mniszka lekarskiego 26
HERBATA **28**
   11. Herbata z kwiatów mniszka lekarskiego 29
   12. Herbata z czerwonej koniczyny i mniszka lekarskiego ..31
   13. Herbata z echinacei i korzeni 33
   14. Herbata z korzenia mniszka lekarskiego 35
   15. Miga Mieszanka herbaty 37
   16. Herbata z mniszka lekarskiego i łopianu 39
   17. Herbata detoksykująca z mniszka lekarskiego i imbiru 41
   18. Mrożona herbata z mniszka lekarskiego i mięty 43
   19. Herbata detoksykująca z mniszka lekarskiego i cytryny 45
   20. Herbata z mniszka lekarskiego i kwiatu pomarańczy ..47
   21. Herbata z mniszkiem i cynamonem 49
CHLEBY **51**
   22. Chleb Bananowo-Mniszkowy 52
   23. Chleb z kwiatami mniszka lekarskiego 54
   24. Mniszek Chleb Kukurydziany 56
   25. Chleb pszenny z miodem mniszkowym 58
   26. Chleb z serem mniszka lekarskiego i cheddara 60
   27. Chleb z makiem i cytryną mniszka lekarskiego 62
   28. Chleb z orzechami mniszka lekarskiego 64
   29. Chleb żytni mniszek lekarski 66
PRZEKĄSKI I PRZYSTAWKI **68**
   30. Batony energetyczne z nasion pokrzywy i kwiatu mniszka lekarskiego ...69
   31. Placuszki z kwiatami mniszka lekarskiego 71
   32. Nadziewane Liście Winogron Z Zieleniną 73
   33. Chipsy z mniszka lekarskiego 75
   34. Pesto z mniszka lekarskiego Crostini 77
   35. Hummus z mniszka lekarskiego 79

36. Mniszek lekarski 81
37. Tartaletki z mniszka lekarskiego i koziego sera 83
38. Bruschetta z Mniszka i Bekonu 85
39. Grzyby Nadziewane Mniszkiem i Ricottą 87
40. Trójkąty Mniszka Lekarskiego i Feta Phyllo 89

DANIE GŁÓWNE 91
41. Lasagne Mniszkowa 92
42. Makaron Jajeczny Mniszek 95
43. Burgery z mniszka lekarskiego 97
44. Mlecze i Ziemniaki z Serem 99
45. Makaron z pesto z mniszka lekarskiego 101
46. Risotto z mniszka lekarskiego i grzybów 103
47. Quiche z mniszka lekarskiego 105
48. Tarta z mniszka lekarskiego i koziego sera 107

SAŁATKI 109
49. Mniszka z Sosem Jagodowym Açaí 110
50. Sałatka z Mniszka i Chorizo 112
51. Sałatka z mniszka lekarskiego 114
52. Sałatka z pieczonej dyni Pattypan 116
53. Sałatka z pomidorów, ogórków, dyni i słoików mniszka lekarskiego 119
54. Sałatka z ciecierzycy, pomidorów i papryki w słoiku 121
55. Sałatka z buraków, marchwi, buraków i pomidorów cherry 123
56. Pomidor, kurczak, ogórki, sałatka z mniszka lekarskiego w słoiku 125
57. Sałatka z kuskusem, kurczakiem i mniszkiem 127
58. Sałatka z makaronem mniszka lekarskiego 129
59. Zwiędłe warzywa mniszka lekarskiego z boczkiem 131

ZUPY 133
60. Zupa z Mniszka i Ziemniaków 134
61. Z Homara i Mniszka z Plackami 136
62. Wolnowarujący wegański rosół z kością 138
63. Curry z mniszka lekarskiego i ciecierzycy 140
64. Zupa Krem z Mniszka Lekarskiego 142
65. Zupa z pąków grochu i mniszka lekarskiego 144
66. Zupa Dyniowo-Mniszkowa 146

DESER 148
67. Truskawkowy Bavarois z Galaretką Łopianową 149
68. Holenderskie Ciasto Kukurydziane z Zielonymi Mniszkami 152
69. Ciasto z kwiatami mniszka lekarskiego 154
70. Szyfonowe ciasteczka z mniszka lekarskiego 156
71. Ciasteczka z masłem orzechowym i masłem orzechowym 158
72. Ciasteczka z płatkami mniszka lekarskiego i cytryną z mżawką cytrynową z jarmużem 160
73. Kruche ciasteczka mniszka lekarskiego 162

74. Mniszek Bakława 164
75. Ciasto Miodowo-Mniszkowe 166
76. Batony cytrynowe z mniszka lekarskiego 168

PRZYPRAWY 170
77. Marmolada Mniszkowa 171
78. Świeże pesto z mniszka lekarskiego 173
79. Syrop z kwiatu mniszka lekarskiego 175
80. Galaretka Mniszkowa z Miodem 177
81. Musztarda Mniszkowa 180
82. Winegret z mniszka lekarskiego 182
83. Galaretka Mniszkowa 184
84. Pesto z pestek dyni mniszka lekarskiego 186
85. Masło z miodem mniszkowym 188
86. Mniszek lekarski Chimichurri 190
87. Ocet z kwiatów mniszka lekarskiego 192
88. Masło złożone z płatków mniszka lekarskiego 194

KOKTAJLE I KOKTAJLE 196
89. Mniszek Chai 197
90. Piwo Mniszka i Łopianu 199
91. Sok z zielonych warzyw 201
92. Smoothie z Mniszkiem i Bazylią 203
93. Wciąż Pokój Amaro 205
94. Sok z liści karczocha i kopru włoskiego 208
95. Pikantny koktajl z ananasa i rukoli 210
96. Lemoniada Mniszkowa 212
97. Wino z mniszka lekarskiego Bradbury 214
98. Miętowo-zielony koktajl malinowy 216
99. Pikantny sok z liści mniszka lekarskiego 218
100. Smaczny tropikalny smoothie 220

WNIOSEK 222

WSTĘP

Witamy w „Kompletnej książce kucharskiej z mniszkiem lekarskim", w której wyruszamy w kulinarną przygodę, aby odkryć dziką stronę kuchni dzięki 100 zdrowym przepisom z udziałem skromnego, ale wszechstronnego mniszka lekarskiego. Często pomijane jako zwykły chwast, mlecze są skarbnicą potencjału kulinarnego, oferując bogactwo smaku i wartości odżywczych czekających na odblokowanie. W tej książce kucharskiej celebrujemy piękno i obfitość mniszka lekarskiego, prezentując jego kulinarną wszechstronność i korzyści zdrowotne w różnorodnych przepisach.

W tej książce kucharskiej odkryjesz szeroką gamę przepisów podkreślających wyjątkowy smak i wartości odżywcze mniszka lekarskiego. Od żywych sałatek i pożywnych zup po pikantne dania główne i słodkie przysmaki – każdy przepis ukazuje wszechstronność tego często niedocenianego składnika. Niezależnie od tego, czy szukasz mleczy na swoim podwórku, czy pozyskujesz je na lokalnym targu, ta książka kucharska oferuje pyszne sposoby na włączenie ich do swojego kulinarnego repertuaru.

Tym, co wyróżnia „Kompletną książkę kucharską mniszkiem lekarskim", jest skupienie się na zdrowej i zrównoważonej kuchni. Mniszki są nie tylko smaczne, ale także niezwykle pożywne, bogate w witaminy, minerały i przeciwutleniacze. Włączając je do swoich posiłków, nie tylko poszerzysz swoje kulinarne horyzonty, ale także będziesz czerpać korzyści zdrowotne płynące z tego pożywnego pożywienia. Niezależnie od tego, czy przestrzegasz diety roślinnej, odkrywasz dzikie zwierzęta, czy po prostu chcesz urozmaicić swoje posiłki, mniszek lekarski będzie mile widzianym dodatkiem w każdej kuchni. W tej książce kucharskiej znajdziesz praktyczne wskazówki dotyczące zbioru i przygotowania mniszka lekarskiego, a także wspaniałe zdjęcia, które zainspirują Cię do kulinarnych kreacji. Niezależnie od tego, czy jesteś doświadczonym szefem kuchni, czy ciekawskim kucharzem domowym, „Kompletna książka kucharska z mniszkiem" zaprasza Cię do poznania dzikiej strony kuchni i odkrycia pysznych możliwości tego skromnego, ale wszechstronnego składnika.

ŚNIADANIE

1.Frittata Mniszkowa Z Kozim Serem

SKŁADNIKI:
- 8 jaj
- ½ szklanki mleka
- ½ łyżeczki soli
- ½ łyżeczki świeżo zmielonego czarnego pieprzu
- 1 łyżka niesolonego masła lub oliwy z oliwek
- 1 średnia cebula, posiekana
- 2 szklanki posiekanych liści mniszka lekarskiego
- 1 średni pomidor
- 4 uncje koziego sera, pokruszonego

INSTRUKCJE:
a) Rozgrzej piekarnik do 350°F.
b) W misce wymieszaj jajka, mleko, sól i pieprz. Odłożyć na bok.
c) Rozgrzej 10-calową, nadającą się do piekarnika patelnię na średnim ogniu. Dodaj masło na patelnię.
d) Dodaj cebulę i smaż powoli, aż będzie przezroczysta, około 5 minut. Dodaj posiekane liście mniszka lekarskiego i gotuj dodatkową minutę lub dwie.
e) Pomidora przekrój na pół, wyciśnij (i wyrzuć) nasiona i miąższ, po czym pokrój na kawałki wielkości kęsa.
f) Wlać mieszaninę jajek na ugotowaną cebulę i mniszek lekarski. Gotuj, aż krawędzie zaczną odchodzić od boków patelni, około 6 minut.
g) Posyp równomiernie pokrojonymi pomidorami i kozim serem na wierzch frittaty i piecz przez około 15 minut lub do momentu, aż jajka się zetną.
h) Wyjmij frittatę z piekarnika za pomocą rękawiczek i pozostaw ją na płycie kuchennej na 5 minut przed pokrojeniem.
i) Kroimy w krążki i od razu podajemy. Resztki stanowią świetny suchy prowiant na lunch, podgrzany lub podawany na zimno.

2.Naleśniki Mniszkowe

SKŁADNIKI:
- 1 szklanka płatków mniszka lekarskiego
- 1 szklanka mieszanki na naleśniki
- 1 szklanka mleka
- 2 jajka
- Masło do gotowania

INSTRUKCJE:
a) Ciasto naleśnikowe wymieszaj według instrukcji na opakowaniu.
b) Delikatnie dodaj 1 szklankę płatków mniszka lekarskiego.
c) Smażyć naleśniki na patelni z masłem na złoty kolor.
d) Podawać z syropem lub miodem.

3. Zieloni Mniszka Z Porem I Jajkami

SKŁADNIKI:
- 4 szklanki posiekanej zieleniny mniszka lekarskiego, usunąć grube łodygi (około 1-2 duże pęczki)
- 2 łyżki niesolonego masła, masła klarowanego lub ghee
- 1 duży por, tylko biała i jasnozielona część, drobno posiekany
- 4 duże jajka
- 1/4 szklanki pokruszonego sera feta

INSTRUKCJE:
a) Zagotuj w dużym garnku osoloną wodę. Dodaj posiekane zioła mniszka lekarskiego i blanszuj przez 1 do 2 minut. Dokładnie odsącz warzywa, za pomocą drewnianej łyżki odsącz i wyciśnij jak najwięcej płynu.
b) Rozpuść masło lub ghee na 10-calowej patelni do smażenia ustawionej na średnim ogniu. Smaż pory do miękkości, około 5 minut, od czasu do czasu mieszając. Dodawaj po garści odsączonych liści mniszka lekarskiego. Smaż każdą garść, aż zwiędnie, a następnie dodaj więcej.
c) Gdy warzywa zwiędną, wbij jajka na patelnię, na wierzch warzyw.
d) Posyp serem feta i gotuj bez przykrycia, aż białka jajek się zetną, około 5 minut.

4.Hash Mniszka I Ziemniaków

SKŁADNIKI:
- 2 szklanki pokrojonych w kostkę ziemniaków
- 1 szklanka posiekanych świeżych liści mniszka lekarskiego, umytych
- 1/2 cebuli, pokrojonej w kostkę
- 2 ząbki czosnku, posiekane
- 2 łyżki oliwy z oliwek
- Sól i pieprz do smaku
- Do wyboru: gotowany boczek lub kiełbasa, pokrojona w kostkę

INSTRUKCJE:
a) Rozgrzej oliwę z oliwek na patelni na średnim ogniu. Dodaj pokrojone w kostkę ziemniaki i smaż, aż zaczną się rumienić i chrupiące na brzegach, od czasu do czasu mieszając, około 10-12 minut.
b) Na patelnię z ziemniakami dodajemy pokrojoną w kostkę cebulę i przeciśnięty przez praskę czosnek. Gotuj, aż cebula będzie przezroczysta, około 3-4 minuty.
c) Dodaj posiekaną zieleninę mniszka lekarskiego i ugotowany boczek lub kiełbasę (jeśli używasz). Gotuj przez kolejne 2-3 minuty, aż warzywa zwiędną.
d) Dopraw solą i pieprzem do smaku. Podawać na gorąco jako obfite śniadanie lub drugie danie.

5. Omlet z zielonego mniszka lekarskiego

SKŁADNIKI:
- 2 jajka
- 1 szklanka posiekanej zieleniny mniszka lekarskiego
- 1/4 szklanki pokrojonej w kostkę cebuli
- 1/4 szklanki pokrojonej w kostkę papryki
- Sól i pieprz do smaku
- 1 łyżka oliwy z oliwek

INSTRUKCJE:
a) Rozgrzej oliwę z oliwek na patelni na średnim ogniu.
b) Dodajemy pokrojoną w kostkę cebulę i paprykę, smażymy aż zmiękną.
c) Dodaj posiekane zioła mniszka lekarskiego na patelnię i smaż, aż zwiędną.
d) W misce roztrzepać jajka z solą i pieprzem.
e) Wlać roztrzepane jajka na smażone warzywa na patelni.
f) Smaż, aż omlet się zetnie, następnie odwróć i smaż przez kolejną minutę.
g) Podawać na gorąco z tostami lub świeżymi owocami.

6. Zielona sałatka śniadaniowa z mniszka lekarskiego

SKŁADNIKI:
- 2 szklanki mieszanej sałaty zielonej (w tym zielonej mniszka lekarskiego)
- 2 jajka na twardo, pokrojone w plasterki
- 1/4 szklanki pomidorków cherry, przekrojonych na połówki
- 1/4 szklanki pokrojonego w plasterki ogórka
- 1/4 awokado, pokrojonego w plasterki
- 2 plastry gotowanego boczku, posiekane
- 2 łyżki winegretu balsamicznego lub ulubionego sosu

INSTRUKCJE:
a) Na talerzu ułóż mieszankę sałat zielonych.
b) Na wierzch ułóż pokrojone jajka na twardo, pomidorki cherry, plasterki ogórka, plasterki awokado i pokruszony bekon.
c) Sałatkę polej sosem balsamicznym i winegretem.
d) Podawaj natychmiast jako pożywną i sycącą sałatkę śniadaniową.

7. Burrito śniadaniowe z zielonego mniszka lekarskiego

SKŁADNIKI:
- 2 duże tortille pszenne
- 4 jajka, jajecznica
- 1 szklanka posiekanej zieleniny mniszka lekarskiego
- 1/2 szklanki czarnej fasoli, odsączonej i opłukanej
- 1/4 szklanki startego sera
- Plasterki salsy i awokado do podania

INSTRUKCJE:
a) Rozgrzej dużą patelnię na średnim ogniu.
b) Podgrzewaj tortille z mąki na patelni przez około 30 sekund z każdej strony.
c) Zdejmij tortille z patelni i odłóż na bok.
d) Na tej samej patelni dodaj posiekane liście mniszka lekarskiego i smaż, aż zwiędną.
e) Na patelnię dodaj jajecznicę i czarną fasolę i smaż, aż jajka się zetną.
f) Nałóż masę jajeczną na podgrzane tortille.
g) Nadzienie posypujemy tartym serem.
h) Zwiń tortille, tworząc burrito.
i) Podawać z salsą i plasterkami awokado na boku.

8. Zielony hasz śniadaniowy z mniszka lekarskiego

SKŁADNIKI:
- 2 łyżki oliwy z oliwek
- 2 szklanki pokrojonych w kostkę ziemniaków
- 1/2 szklanki pokrojonej w kostkę cebuli
- 1 szklanka posiekanej zieleniny mniszka lekarskiego
- 4 jajka
- Sól i pieprz do smaku

INSTRUKCJE:
a) Rozgrzej oliwę z oliwek na dużej patelni na średnim ogniu.
b) Dodaj pokrojone w kostkę ziemniaki na patelnię i smaż, aż uzyskasz złoty kolor i chrupkość.
c) Dodaj pokrojoną w kostkę cebulę i posiekane zioła mniszka lekarskiego na patelnię i smaż, aż warzywa zwiędną.
d) Zrób cztery dołki w mieszance haszyszowej i wbij jajko do każdego dołka.
e) Gotuj, aż jajka uzyskają pożądaną konsystencję.
f) Dopraw solą i pieprzem do smaku.
g) Podawać gorące, prosto z patelni.

9.Zielona kanapka śniadaniowa z mniszkiem

SKŁADNIKI:
- 2 angielskie babeczki, podzielone i opiekane
- 4 jajka sadzone lub jajecznica
- 1 szklanka posiekanej zieleniny mniszka lekarskiego
- 4 plastry gotowanego boczku lub boczku z indyka
- 1/4 szklanki startego sera
- Sól i pieprz do smaku

INSTRUKCJE:
a) Ugotowane jajka połóż na dolnych połówkach podpieczonych angielskich babeczek.
b) Na każde jajko posyp posiekaną zieleniną mniszka lekarskiego, plasterkiem gotowanego bekonu i tartym serem.
c) Dopraw solą i pieprzem do smaku.
d) Połóż górne połówki angielskich muffinów na nadzieniu, tworząc kanapki.
e) Podawaj natychmiast jako obfite śniadanie w drodze.

10. Sałatka z jajek mniszka lekarskiego

SKŁADNIKI:
- 4 jajka na twardo
- 2/3 szklanki liści mniszka lekarskiego, posiekanych i ugotowanych
- 1 łyżeczka chrzanu
- 1 łyżka świeżego szczypiorku
- ½ szklanki majonezu

INSTRUKCJE:
a) Jajka grubo posiekać.
b) Dodać ziele mniszka lekarskiego, szczypiorek i chrzan. Delikatnie wymieszaj.
c) Dodać majonez i wymieszać tak, aby składniki się pokryły.

HERBATA

11. Herbata z kwiatów mniszka lekarskiego

SKŁADNIKI:
- 1/4 szklanki kwiatu mniszka lekarskiego
- 500 ml wrzącej wody
- 1/2 łyżeczki miodu
- Sok cytrynowy

INSTRUKCJE:
a) Umieść końcówki kwiatów mniszka lekarskiego w imbryku.
b) Zagotuj wodę i zalej gorącą wodą kwiaty mniszka lekarskiego.
c) Pozostawić do zaparzenia na 5 minut.
d) Odcedź kwiaty.

12. Herbata z czerwonej koniczyny i mniszka lekarskiego

SKŁADNIKI:
- 1/4 szklanki świeżej koniczyny czerwonej
- Kwitnie z kilkoma liśćmi
- Cytrynowy
- Miód
- Świeże liście mięty
- Kilka liści mniszka lekarskiego

INSTRUKCJE:
a) Umieść kwiaty i liście w dzbanku.
b) Zalać wrzącą wodą, przykryć i gotować na wolnym ogniu przez 10 minut do zaparzenia.
c) Przecedzić do filiżanki, dodać plasterek cytryny i dosłodzić miodem.

13. Herbata z echinacei i korzeni

SKŁADNIKI:

- 1 część korzenia echinacei purpurea
- 1-częściowa pau d'arco
- 1 część surowego korzenia mniszka lekarskiego, prażona
- 1-częściowa kora sarsaparilli
- 1 część kory cynamonu
- 1 część korzenia imbiru
- 1 część korzeni łopianu
- 1-częściowa kora sasafrasu
- szczypta stewii

INSTRUKCJE:

a) Wszystkie zioła włóż do torebki, włóż do kubka i zalej wrzątkiem.
b) Parz przez 10 minut.
c) Wyjmij torebkę z herbatą i dodaj słodzik.

14. Herbata z korzenia mniszka lekarskiego

SKŁADNIKI:
- 1-częściowy żeń-szeń syberyjski
- 1-częściowy korzeń mniszka lekarskiego
- 1 część pokrzywy
- 1 część każdego korzenia prawoślazu i łopianu
- Po 1 części jagód głogu i palmy sabałowej
- 1 część nasion kopru włoskiego
- 1 część dzikiego owsa
- szczypta stewii

INSTRUKCJE:
a)   Wszystkie zioła włóż do torebki, włóż do kubka i zalej wrzątkiem.
b)   Parz przez 10 minut.
c)   Wyjmij torebkę z herbatą i dodaj słodzik.

15.Miga Mieszanka herbaty

SKŁADNIKI:
- 1-częściowa szałwia
- Serdecznik 1-częściowy
- 1 część mniszka lekarskiego
- 1 część ciecierzycy i liści fiołka
- 1 część kwiatów czarnego bzu i słomy owsianej

INSTRUKCJE:
a) Umieść wszystkie zioła w torebce z herbatą .
b) Włożyć do kubka , zalać wrzącą wodą.
c) Parz przez 10 minut.
d) Wyjmij torebkę z herbatą i dodaj słodzik.
e) Dodaj miód i cytrynę.

16. Herbata z mniszka lekarskiego i łopianu

SKŁADNIKI:
- 1 łyżeczka liści mniszka lekarskiego
- 1 łyżeczka liści łopianu
- 1 łyżeczka ziela tasaka
- 1 łyżeczka kwiatów koniczyny czerwonej

INSTRUKCJE:
a) Wszystkie składniki włożyć do imbryka, zalać wrzącą wodą, odstawić na 15 minut i podawać.
b) Pij na gorąco lub na zimno przez cały dzień.

17. Herbata detoksykująca z mniszka lekarskiego i imbiru

SKŁADNIKI:
- 1 łyżka suszonych korzeni mniszka lekarskiego
- 1 łyżeczka startego świeżego imbiru
- 1 szklanka wody

INSTRUKCJE:
a) W małym rondlu zagotuj wodę.
b) Do wrzącej wody dodać suszone korzenie mniszka lekarskiego i starty imbir.
c) Zmniejsz ogień do małego i gotuj na wolnym ogniu przez 10-15 minut.
d) Przecedź herbatę do filiżanki.
e) Opcjonalnie dla osłody można dodać odrobinę miodu lub soku z cytryny.
f) Podawać gorącą jako detoksykującą i orzeźwiającą herbatę.

18. Mrożona herbata z mniszka lekarskiego i mięty

SKŁADNIKI:
- 2 łyżki suszonych liści mniszka lekarskiego
- 1 łyżka suszonych liści mięty
- 2 szklanki wody
- Kostki lodu
- Miód lub słodzik (opcjonalnie)

INSTRUKCJE:
a) W rondlu zagotuj wodę.
b) Do wrzącej wody dodać suszone liście mniszka lekarskiego i liście mięty.
c) Zdejmij z ognia i pozostaw do zaparzenia na 10-15 minut.
d) Przecedź herbatę do dzbanka i poczekaj, aż ostygnie do temperatury pokojowej.
e) Po ostygnięciu przechowuj herbatę w lodówce, aż ostygnie.
f) Podawać z kostkami lodu, w razie potrzeby odrobiną miodu lub słodzika.
g) Udekoruj świeżymi liśćmi mięty, aby uzyskać dodatkową świeżość.
h) W upalny dzień delektuj się orzeźwiającą mrożoną herbatą z mniszka lekarskiego i mięty.

19. Herbata detoksykująca z mniszka lekarskiego i cytryny

SKŁADNIKI:
- 1 łyżka suszonych korzeni mniszka lekarskiego
- 1 łyżka suszonych liści mniszka lekarskiego
- 1 cytryna, pokrojona w cienkie plasterki
- 2 szklanki wody

INSTRUKCJE:
a) W małym rondlu wymieszaj wodę, suszone korzenie mniszka lekarskiego i suszone liście mniszka lekarskiego.
b) Doprowadzić mieszaninę do wrzenia, następnie zmniejszyć ogień i gotować przez 10-15 minut.
c) Zdejmij z ognia i przelej herbatę do filiżanki.
d) Do herbaty dodaj kilka plasterków cytryny.
e) Opcjonalnie dla osłody można dodać miód lub syrop klonowy.
f) Dobrze wymieszaj i ciesz się orzeźwiającą i detoksykującą herbatą z mniszka lekarskiego i cytryny.

20. Herbata z mniszka lekarskiego i kwiatu pomarańczy

SKŁADNIKI:

- 1 łyżka suszonych kwiatów mniszka lekarskiego
- 1 łyżka suszonych płatków kwiatu pomarańczy
- 2 szklanki wody

INSTRUKCJE:

a) W rondlu zagotuj wodę.
b) Do wrzącej wody dodaj suszone kwiaty mniszka lekarskiego i suszone płatki kwiatu pomarańczy.
c) Zmniejsz ogień do małego i gotuj na wolnym ogniu przez 5-10 minut.
d) Przecedź herbatę do filiżanki.
e) Opcjonalnie możesz dodać plasterek świeżej pomarańczy dla dodatkowego smaku i dekoracji.
f) Podawaj na gorąco i delektuj się delikatnymi, kwiatowymi nutami herbaty z mniszka lekarskiego i kwiatu pomarańczy.

21. Herbata z mniszkiem i cynamonem

SKŁADNIKI:
- 1 łyżka suszonych korzeni mniszka lekarskiego
- 1 laska cynamonu
- 2 szklanki wody

INSTRUKCJE:

a) W małym rondlu wymieszaj wodę, suszony korzeń mniszka lekarskiego i laskę cynamonu.
b) Doprowadzić mieszaninę do wrzenia, następnie zmniejszyć ogień i gotować przez 10-15 minut.
c) Zdejmij z ognia i przelej herbatę do filiżanki.
d) Opcjonalnie można dodać szczyptę mielonego cynamonu dla dodatkowego pikanterii.
e) Dobrze wymieszaj i ciesz się ciepłym i kojącym smakiem herbaty z przyprawami mniszka lekarskiego i cynamonu.

CHLEBY

22. Chleb Bananowo-Mniszkowy

SKŁADNIKI:

- 1 duży dojrzały banan
- 1 1/4 szklanki niebielonej mąki
- 1/2 szklanki oliwy z oliwek
- 1/3 szklanki świeżo zebranych płatków kwiatów mniszka lekarskiego
- 1 jajko
- 1 łyżeczka proszku do pieczenia
- 1/3 szklanki brązowego cukru
- 1/2 łyżeczki sody oczyszczonej

INSTRUKCJE:

a) Rozgnieć banana; następnie dodać olej, jajko i cukier, dobrze wymieszać. Dodaj mąkę, kwiaty mniszka lekarskiego, proszek do pieczenia i sodę oczyszczoną i mieszaj ręcznie, aż wszystko zostanie idealnie wymieszane. (W razie potrzeby dodaj kilka posiekanych orzechów włoskich lub kawałków czekolady).

b) Za pomocą gumowej szpatułki nałóż masę do natłuszczonej formy do pieczenia chleba.

c) Piec w temperaturze 350° F przez 20-25 minut.

d) Sprawdź po 20 minutach, wkładając nóż – jeśli wyjdzie czysty, oznacza to, że jest gotowy.

23. Chleb z kwiatami mniszka lekarskiego

SKŁADNIKI:
- 1/4 szklanki oleju
- 2 szklanki mąki
- 2 łyżeczki proszku do pieczenia
- 4 łyżki miodu
- 1/2 łyżeczki soli
- 1 jajko
- 1 szklanka kwiatów mniszka lekarskiego, usuń wszystkie zielone działki i liście
- 1 1/2 szklanki mleka

INSTRUKCJE:
a) Połącz suche składniki w dużej misce, łącznie z płatkami, uważając, aby oddzielić kępy płatków.
b) W osobnej misce wymieszaj mleko, miód i roztrzepane na oleju jajko.
c) Dodaj płyn do suchej mieszanki. Ciasto powinno być dość mokre i grudkowate.
d) Wlać do wysmarowanej masłem formy na chleb lub muffinki.
e) Piec 400F. Na muffinki 20-25 min, chleb na chleb do 2 razy dłużej. Sprawdź gotowość.

24. Mniszek Chleb Kukurydziany

SKŁADNIKI:
- 1 szklanka białej mąki
- 1 szklanka mąki kukurydzianej
- 2 łyżeczki proszku do pieczenia
- ¾ łyżeczki sody oczyszczonej
- 1 łyżeczka soli
- 2 duże jajka
- ½ szklanki syropu z kwiatu mniszka lekarskiego (lub miodu)
- ¼ szklanki oleju lub masła
- 1 szklanka mleka (najlepiej maślankowego)
- 1 szklanka płatków kwiatu mniszka lekarskiego

INSTRUKCJE:
a) Wymieszaj suche składniki razem.
b) Dodać wszystkie pozostałe składniki i zmiksować na gładką masę.
c) Wlać ciasto na patelnię 9×9 lub 10-calową żeliwną patelnię.
d) Piec w temperaturze 375° przez 25 minut.
e) Podawać gorące z masłem i syropem z kwiatu mniszka lekarskiego.

25. Chleb pszenny z miodem mniszkowym

SKŁADNIKI:

- 2 filiżanki mąki uniwersalnej
- 1 szklanka mąki pełnoziarnistej
- 1/4 szklanki miodu
- 1 łyżka aktywnych suchych drożdży
- 1 łyżeczka soli
- 1 szklanka płatków mniszka lekarskiego (oczyszczonych i drobno posiekanych)
- 1 szklanka ciepłej wody
- 2 łyżki oliwy z oliwek

INSTRUKCJE:

a) W dużej misce wymieszaj ciepłą wodę, miód i aktywne suche drożdże. Pozostaw na 5-10 minut, aż zacznie się pienić.
b) Do mieszanki drożdżowej dodaj oliwę z oliwek, sól i posiekane płatki mniszka lekarskiego.
c) Stopniowo dodawaj mąkę uniwersalną i mąkę pełnoziarnistą, dobrze wymieszaj, aż powstanie ciasto.
d) Ciasto wyrabiamy na posypanej mąką powierzchni przez około 5-7 minut, aż będzie gładkie i elastyczne.
e) Ciasto włóż do natłuszczonej miski, przykryj czystą ściereczką i odstaw do wyrośnięcia w ciepłym miejscu na 1-2 godziny lub do czasu, aż podwoi swoją objętość.
f) Zagnieść ciasto i uformować bochenek. Umieścić bochenek w natłuszczonej formie do pieczenia.
g) Przykryj bochenek czystą ściereczką i pozostaw do wyrośnięcia na kolejne 30-45 minut.
h) Rozgrzej piekarnik do 190°C (375°F). Piecz chleb przez 30-35 minut lub do złotego koloru.
i) Wyjmij z piekarnika i poczekaj, aż ostygnie przed pokrojeniem. Ciesz się domowym chlebem pszennym z miodem mniszkowym!

26.Chleb z serem mniszka lekarskiego i cheddara

SKŁADNIKI:

- 3 szklanki mąki uniwersalnej
- 1 łyżka proszku do pieczenia
- 1 łyżeczka soli
- 1/4 szklanki cukru
- 1 szklanka startego sera cheddar
- 1 szklanka liści mniszka lekarskiego (oczyszczonych i drobno posiekanych)
- 1 jajko
- 1 szklanka mleka
- 1/4 szklanki oleju roślinnego

INSTRUKCJE:

a) Rozgrzej piekarnik do 175°C (350°F). Formę do pieczenia natłuszczamy i odstawiamy.
b) W dużej misce wymieszaj mąkę, proszek do pieczenia, sól i cukier.
c) Mieszaj z posiekanym serem cheddar i posiekaną zieleniną mniszka lekarskiego, aż dobrze się połączą.
d) W osobnej misce ubij jajko, a następnie dodaj mleko i olej roślinny. Dobrze wymieszaj.
e) Wlać mokre składniki do suchych i wymieszać tylko do połączenia.
f) Ciasto wylewamy do przygotowanej formy i równomiernie rozprowadzamy.
g) Piec przez 45-50 minut lub do momentu, gdy wykałaczka wbita w środek będzie czysta.
h) Wyjmij z piekarnika i pozostaw do ostygnięcia na blasze przez 10 minut, a następnie przenieś na kratkę, aby całkowicie wystygła. Pokrój i podawaj chleb z mniszkiem i serem cheddar na ciepło lub w temperaturze pokojowej.

27. Chleb z makiem i cytryną mniszka lekarskiego

SKŁADNIKI:

- 2 filiżanki mąki uniwersalnej
- 1 łyżka proszku do pieczenia
- 1/2 łyżeczki soli
- Skórka z 1 cytryny
- 1/4 szklanki maku
- 1/2 szklanki cukru
- 1/4 szklanki roztopionego masła
- 1/4 szklanki soku z cytryny
- 1/2 szklanki mleka
- 2 jajka
- 1 szklanka płatków mniszka lekarskiego (oczyszczonych i drobno posiekanych)

INSTRUKCJE:

a) Rozgrzej piekarnik do 175°C (350°F). Formę do pieczenia natłuszczamy i odstawiamy.
b) W dużej misce wymieszaj mąkę, proszek do pieczenia, sól, skórkę z cytryny, mak i cukier.
c) W osobnej misce wymieszaj roztopione masło, sok z cytryny, mleko i jajka.
d) Wlać mokre składniki do suchych i wymieszać tylko do połączenia.
e) Delikatnie dodaj posiekane płatki mniszka lekarskiego.
f) Ciasto wylewamy do przygotowanej formy i równomiernie rozprowadzamy.
g) Piec przez 45-50 minut lub do momentu, gdy wykałaczka wbita w środek będzie czysta.
h) Wyjmij z piekarnika i pozostaw do ostygnięcia na blaszce przez 10 minut, a następnie przenieś na kratkę, aby całkowicie wystygła. Pokrój i podawaj chleb z makiem i cytryną z mniszka lekarskiego.

28.Chleb z orzechami mniszka lekarskiego

SKŁADNIKI:

- 2 filiżanki mąki uniwersalnej
- 1 łyżeczka proszku do pieczenia
- 1/2 łyżeczki sody oczyszczonej
- 1/4 łyżeczki soli
- 1/2 szklanki cukru
- 1/4 szklanki roztopionego masła
- 1 jajko
- 1 szklanka maślanki
- 1/2 szklanki posiekanych orzechów włoskich
- 1/2 szklanki posiekanych płatków mniszka lekarskiego

INSTRUKCJE:

a) Rozgrzej piekarnik do 175°C (350°F). Formę do pieczenia natłuszczamy i odstawiamy.
b) W dużej misce wymieszaj mąkę, proszek do pieczenia, sodę oczyszczoną, sól i cukier.
c) W osobnej misce wymieszaj roztopione masło, jajko i maślankę.
d) Stopniowo dodawaj mokre składniki do suchych, mieszaj tylko do połączenia.
e) Dodaj posiekane orzechy włoskie i płatki mniszka lekarskiego, aż zostaną równomiernie rozłożone.
f) Ciasto wylewamy do przygotowanej formy i równomiernie rozprowadzamy.
g) Piec przez 45-50 minut lub do momentu, gdy wykałaczka wbita w środek będzie czysta.
h) Wyjmij z piekarnika i pozostaw do ostygnięcia na blaszce przez 10 minut, a następnie przenieś na kratkę, aby całkowicie wystygła. Pokrój i podawaj chleb z orzechami mniszka lekarskiego.

29.Chleb żytni mniszek lekarski

SKŁADNIKI:
- 1 szklanka mąki żytniej
- 1 1/2 szklanki mąki uniwersalnej
- 1 łyżeczka sody oczyszczonej
- 1/2 łyżeczki soli
- 1/4 szklanki melasy
- 1 szklanka maślanki
- 1/2 szklanki posiekanej zieleniny mniszka lekarskiego

INSTRUKCJE:
a) Rozgrzej piekarnik do 175°C (350°F). Formę do pieczenia natłuszczamy i odstawiamy.
b) W dużej misce wymieszaj mąkę żytnią, mąkę uniwersalną, sodę oczyszczoną i sól.
c) W osobnej misce wymieszaj melasę i maślankę, aż dobrze się połączą.
d) Stopniowo dodawaj mokre składniki do suchych, mieszaj tylko do połączenia.
e) Dodaj posiekane warzywa mniszka lekarskiego, aż zostaną równomiernie rozłożone.
f) Ciasto wylewamy do przygotowanej formy i równomiernie rozprowadzamy.
g) Piec przez 50-60 minut lub do momentu, gdy wykałaczka wbita w środek będzie czysta.
h) Wyjmij z piekarnika i pozostaw do ostygnięcia na blaszce przez 10 minut, a następnie przenieś na kratkę, aby całkowicie wystygła. Pokrój i podawaj chleb żytni z mniszka lekarskiego.

PRZEKĄSKI I PRZYSTAWKI

30. Batony energetyczne z nasion pokrzywy i kwiatu mniszka lekarskiego

SKŁADNIKI:
- 1 szklanka suszonych moreli
- ½ szklanki orzechów nerkowca
- ½ szklanki migdałów
- ¼ szklanki nasion sezamu
- 2 łyżki miodu (opcjonalnie)
- 1 łyżka oleju kokosowego
- 4 - 6 łyżek nasion pokrzywy (ilość według uznania)
- 4 – 6 łyżek kwiatów mniszka lekarskiego (lub nagietka)
- 4 – 5 kostek kandyzowanego imbiru
- Szczypta soli morskiej
- 1 łyżeczka kardamonu

INSTRUKCJE:
a) Wyłóż 8-calową formę do pieczenia papierem pergaminowym.
b) Orzechy zmiksuj, aż się pokruszą, a następnie odłóż je do osobnej miski.
c) Morele pulsuj, aż zostaną drobno posiekane.
d) Dodaj wszystkie pozostałe składniki (w tym miód, jeśli go używasz) do mieszanki morelowej i miksuj, aż dobrze się połączą.
e) Dodaj orzechy do mieszanki i pulsuj, aż dobrze się wymieszają. Gdy mieszanina zacznie się sklejać i zbijać w robocie kuchennym, gotowe.
f) Mocno dociśnij mieszaninę do formy do pieczenia, używając płaskiego przedmiotu do dociśnięcia.
g) Włóż formę do zamrażarki na około 30 minut (lub do momentu, aż masa będzie twarda), następnie wyjmij ją i pokrój w batony.
h) Udekoruj kilkoma dodatkowymi nasionami pokrzywy i sezamu.
i) Batony włożyć do szczelnego pojemnika i przechowywać w lodówce do miesiąca.

31. Placuszki z kwiatami mniszka lekarskiego

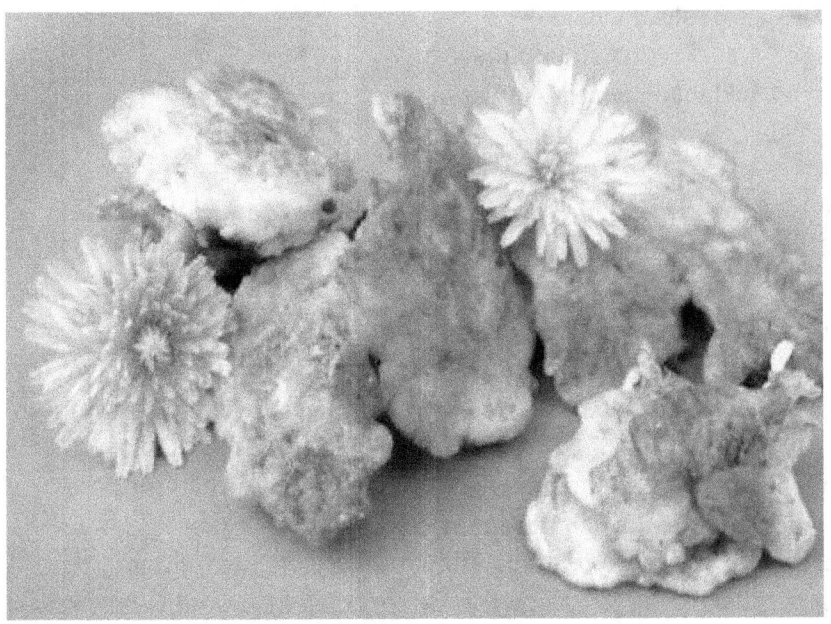

SKŁADNIKI:
- 1 szklanka mąki pełnoziarnistej
- 2 łyżki oliwy z oliwek
- 2 łyżeczki proszku do pieczenia
- 1 szklanka kwiatów mniszka lekarskiego
- 1 szczypta soli
- 1 jajko
- Nieprzywierający spray z olejem roślinnym
- ½ szklanki mleka o niskiej zawartości tłuszczu

INSTRUKCJE:
a) W misce wymieszaj mąkę, proszek do pieczenia i sól. W osobnej misce ubić jajko, a następnie wymieszać z mlekiem lub wodą i oliwą z oliwek.
b) Połączyć z suchą mieszanką. Ostrożnie wymieszaj żółte kwiaty, uważając, aby ich nie zmiażdżyć.
c) Lekko spryskaj patelnię lub patelnię olejem roślinnym.
d) Podgrzewaj, aż całkowicie się rozgrzeje. Łyżkami wylewamy ciasto na patelnię i smażymy jak naleśniki.

32.Nadziewane Liście Winogron Z Zieleniną

SKŁADNIKI:
- 1 szklanka zebranych liści mniszka lekarskiego
- 1 szklanka ryżu, ugotowanego
- 1/4 szklanki orzeszków piniowych
- 1/4 szklanki porzeczek
- 1 cytryna, wyciśnięta sok
- Liście winogron (świeże lub konserwowane)
- Oliwa z oliwek
- Sól i pieprz do smaku

INSTRUKCJE:
a) Zanurz liście winogron we wrzącej wodzie, aż zmiękną.
b) W misce wymieszaj ugotowany ryż, warzywa, orzeszki piniowe, porzeczki i sok z cytryny.
c) Na każdy liść winogrona nałóż łyżkę mieszanki i zwiń w ciasny rulon.
d) Ułóż nadziewane liście winogron w naczyniu do pieczenia, skrop oliwą z oliwek i piecz, aż się zarumienią.

33. Chipsy z mniszka lekarskiego

SKŁADNIKI:
- Ziele mniszka lekarskiego, umyte i wysuszone
- Oliwa z oliwek
- Sól morska (lub przyprawa według uznania)

INSTRUKCJE:
a) Rozgrzej piekarnik do 175°C (350°F).
b) Ziele mniszka lekarskiego umyj i dokładnie osusz. Podziel je na duże kawałki, odrzucając grube żeberka.
c) Skrop warzywa odrobiną oliwy z oliwek i wymieszaj rękami, aby lekko pokryły wszystkie liście.
d) Połóż powlekane warzywa w jednej warstwie na blasze do pieczenia.
e) Piec w nagrzanym piekarniku przez około 8-12 minut. Obserwuj je, aby zapobiec poparzeniom.
f) Po zakończeniu wyjmij blachę do pieczenia z piekarnika i posyp liście solą morską lub ulubioną przyprawą.
g) Przed podaniem poczekaj, aż chipsy ostygną.

34. Pesto z mniszka lekarskiego Crostini

SKŁADNIKI:
- Bagietka pokrojona w cienkie krążki
- Pesto z mniszka lekarskiego (przygotowane z zieleniny mniszka lekarskiego, czosnku, orzechów, oliwy z oliwek i parmezanu)
- Pomidory wiśniowe, przekrojone na połówki
- Świeże liście bazylii
- Glazura balsamiczna

INSTRUKCJE:
a) Podsmaż plastry bagietki, aż będą lekko chrupiące.
b) Na każdy tost nałóż porcję pesto z mniszka lekarskiego.
c) Na wierzch połóż połówkę pomidorka koktajlowego i listek świeżej bazylii.
d) Skropić glazurą balsamiczną.
e) Podawać jako pyszną przekąskę na spotkania lub przyjęcia.

35. Hummus z mniszka lekarskiego

SKŁADNIKI:
- 1 puszka (15 uncji) ciecierzycy, odsączona i opłukana
- 1 szklanka suszonych liści mniszka lekarskiego
- 2 ząbki czosnku, posiekane
- 3 łyżki tahini
- 2 łyżki soku z cytryny
- 2 łyżki oliwy z oliwek
- Sól i pieprz do smaku

INSTRUKCJE:
a) W robocie kuchennym wymieszaj ciecierzycę, ziele mniszka lekarskiego, posiekany czosnek, tahini, sok z cytryny i oliwę z oliwek.
b) Mieszaj, aż masa będzie gładka i kremowa, w razie potrzeby zdrapując boki.
c) Dopraw solą i pieprzem do smaku.
d) Przełóż hummus z mniszka lekarskiego do miski.
e) Podawać z chipsami pita, krakersami lub świeżymi warzywami do maczania.

36. Mniszek lekarski

SKŁADNIKI:
- Kwiaty mniszka lekarskiego (oczyszczone i wysuszone)
- 1 Mąkę o wszechstronnym przeznaczeniu
- 1 łyżeczka proszku do pieczenia
- Szczypta soli
- 1 jajko
- 1/2 szklanki mleka
- olej do smażenia
- Cukier puder (opcjonalnie, do posypania)

INSTRUKCJE:
a) W misce wymieszaj mąkę, proszek do pieczenia i sól.
b) W drugiej misce ubij jajko z mlekiem.
c) Stopniowo dodawaj mokre składniki do suchych, mieszaj, aż masa będzie gładka.
d) Zanurz każdy kwiat mniszka lekarskiego w cieście, całkowicie go pokrywając.
e) Rozgrzej olej na patelni na średnim ogniu.
f) Smaż powlekane kwiaty mniszka lekarskiego, aż będą złocistobrązowe i chrupiące.
g) Wyjąć z oleju i odsączyć na ręcznikach papierowych.
h) Opcjonalnie: Przed podaniem posyp cukrem pudrem jako słodką i chrupiącą przekąskę.

37.Tartaletki z mniszka lekarskiego i koziego sera

SKŁADNIKI:
- Mini muszelki do tart (kupne lub domowe)
- Świeży ser kozi
- Ziele mniszka lekarskiego, smażone, aż zwiędną
- Pomidory wiśniowe, przekrojone na połówki
- Świeże liście tymianku
- Oliwa z oliwek
- Sól i pieprz do smaku

INSTRUKCJE:
a) Rozgrzej piekarnik do 175°C (350°F).
b) Ułóż muszelki mini tart na blasze do pieczenia.
c) Każdą skorupkę tarty napełnij łyżką świeżego sera koziego.
d) Na wierzch połóż smażoną zieleninę mniszka lekarskiego i połówki pomidorków koktajlowych.
e) Posyp listkami świeżego tymianku i skrop oliwą z oliwek.
f) Dopraw solą i pieprzem do smaku.
g) Piec w nagrzanym piekarniku przez 10-12 minut lub do momentu, aż skorupki tarty będą złocistobrązowe.
h) Podawać na ciepło jako pyszną przekąskę na każdą okazję.

38. Bruschetta z Mniszka I Bekonu

SKŁADNIKI:

- Bagietka pokrojona w cienkie krążki
- Ziele mniszka lekarskiego, posiekane
- Boczek, ugotowany i pokruszony
- Ser kozi
- Glazura balsamiczna
- Oliwa z oliwek
- Sól i pieprz do smaku

INSTRUKCJE:

a) Podsmaż plastry bagietki, aż będą lekko chrupiące.
b) Na patelni podsmaż posiekane liście mniszka lekarskiego z odrobiną oliwy z oliwek, aż zwiędną. Doprawić solą i pieprzem.
c) Na każdym toście posmaruj warstwą koziego sera.
d) Na wierzch posypujemy smażonymi liśćmi mniszka lekarskiego i pokruszonym boczkiem.
e) Skropić glazurą balsamiczną.
f) Podawać jako aromatyczną i pikantną przekąskę.

39. Grzyby Nadziewane Mniszkiem I Ricottą

SKŁADNIKI:

- Duże grzyby oczyścić i usunąć łodygi
- Ser ricotta
- Ziele mniszka lekarskiego, posiekane i podsmażone
- Czosnek, mielony
- Parmezan, tarty
- Oliwa z oliwek
- Sól i pieprz do smaku

INSTRUKCJE:

a) Rozgrzej piekarnik do 190°C (375°F). Nasmaruj naczynie do pieczenia.
b) W misce wymieszaj ser ricotta, smażone liście mniszka lekarskiego, posiekany czosnek i starty parmezan. Doprawić solą i pieprzem.
c) Nafaszeruj każdą czapkę grzyba mieszanką ricotty i mniszka lekarskiego.
d) W przygotowanym naczyniu do zapiekania ułóż nadziewane grzyby.
e) Skropić oliwą z oliwek i posypać dodatkowym parmezanem.
f) Piec w nagrzanym piekarniku przez 15-20 minut lub do momentu, aż grzyby będą miękkie, a nadzienie będzie złotobrązowe.
g) Podawać na ciepło jako pyszną przystawkę lub przekąskę.

40. Trójkąty Mniszka Lekarskiego I Feta Phyllo

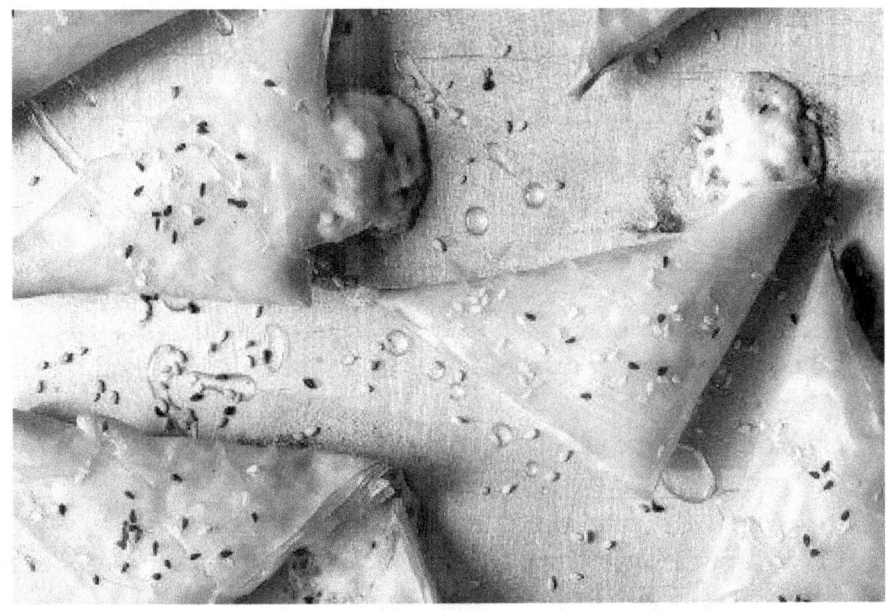

SKŁADNIKI:
- Arkusze ciasta filo
- Ser feta, pokruszony
- Ziele mniszka lekarskiego, posiekane i podsmażone
- Skórki z cytryny
- Oliwa z oliwek
- Sól i pieprz do smaku

INSTRUKCJE:
a) Rozgrzej piekarnik do 190°C (375°F). Blachę do pieczenia wyłóż papierem pergaminowym.
b) Rozłóż jeden arkusz ciasta filo i posmaruj go delikatnie oliwą z oliwek.
c) Powtarzaj nakładanie warstw i szczotkowanie oliwą z oliwek, aż uzyskasz 3-4 warstwy.
d) Warstwy ciasta filo pokroić w kwadraty lub trójkąty.
e) W misce wymieszaj pokruszony ser feta, podsmażone zioła mniszka lekarskiego, skórkę z cytryny, sól i pieprz.
f) Na każdy kwadrat lub trójkąt filo nałóż łyżkę nadzienia.
g) Złóż ciasto filo na nadzienie, tworząc trójkąty lub kwadraty.
h) Wypełnione trójkąty lub kwadraty układamy na przygotowanej blasze.
i) Piec w nagrzanym piekarniku przez 15-20 minut lub do momentu, aż będzie złocistobrązowy i chrupiący.
j) Podawać na ciepło jako smaczną i elegancką przekąskę.

DANIE GŁÓWNE

41. Lasagne Mniszkowa

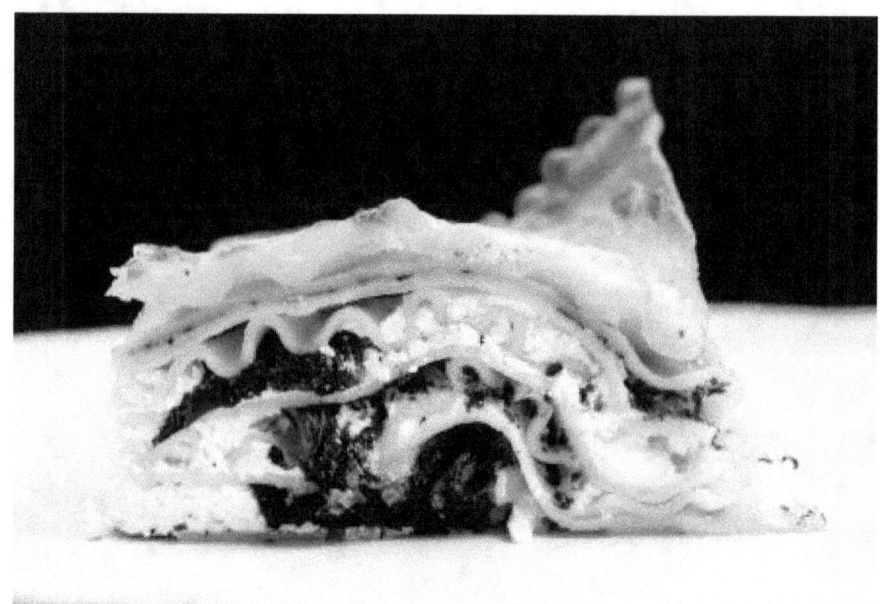

SKŁADNIKI:
- 2 litry wody
- 2 funty liści mniszka lekarskiego
- 2 ząbki czosnku
- 3 łyżki posiekanej natki pietruszki, podzielone
- 1 łyżka bazylii
- 1 łyżeczka oregano
- ½ szklanki kiełków pszenicy
- 3 szklanki sosu pomidorowego
- 6 uncji pasty pomidorowej
- 9 Makaron pełnoziarnisty lasagne
- 1 łyżeczka oliwy z oliwek
- 1 funt sera Ricotta
- 1 szczypta pieprzu Cayenne
- ½ szklanki startego parmezanu
- ½ funta sera mozzarella, pokrojonego w plasterki

INSTRUKCJE:
a) Zagotuj wodę, dodaj mlecze i gotuj do miękkości. Usuń mlecze łyżką cedzakową i zachowaj wodę.
b) W blenderze umieść mlecze z czosnkiem i 1 łyżką natki pietruszki, bazylii i oregano.
c) Dokładnie wymieszaj, ale uważaj, aby nie upłynnić.
d) Dodaj kiełki pszenicy, dwie szklanki sosu pomidorowego i koncentrat pomidorowy.
e) Mieszaj tylko tyle, aby dokładnie wymieszać i zachowaj mieszaninę.
f) Ponownie zagotuj wodę. Dodać lasagne i oliwę z oliwek. Gotuj al dente. Odcedź i zachowaj.
g) Wymieszaj ser ricotta, cayenne i pozostałe 2 łyżki. pietruszka, rezerwa.
h) Lekko posmaruj masłem dno formy do pieczenia o wymiarach 9 x 13 cali.
i) Ułóż 3 makarony lasagne obok siebie jako pierwszą warstwę. Polać ⅓ sosu z mniszka lekarskiego, a następnie ½ serka ricotta.

j) Na ricottę posyp odrobiną parmezanu i przykryj warstwą plasterków mozzarelli. Powtarzać.
k) Ułóż ostatnie 3 makarony lasagne i ostatnią ⅓ sosu mniszka lekarskiego. Przykryj pozostałym parmezanem i mozzarellą oraz szklanką sosu pomidorowego.
l) Piec w temperaturze 375 F. przez 30 minut.

42.Makaron Jajeczny Mniszek

SKŁADNIKI:
- 2 szklanki mniszka lekarskiego, zapakowane (3 uncje wagowe), umyte i osuszone
- 2 jajka
- ½ łyżeczki soli
- 1 do 1 ¼ szklanki mąki

INSTRUKCJE:

a) W blenderze lub robocie kuchennym połącz zieleninę mniszka lekarskiego i jajka. Puree, aż będzie gładkie i upłynnione.

b) W dużej misce wymieszaj 1 szklankę mąki i sól. Wlać masę jajeczną do mąki i dobrze wymieszać. W razie potrzeby dodawaj po 1 łyżce mąki, aby uzyskać sztywne ciasto (zależy to od zawartości wody w zieleninie mniszka lekarskiego).

c) Ciasto wyłóż na posypaną mąką stolnicę i ugniataj, aż ciasto będzie dobrze uformowane. Za pomocą wałka do ciasta rozwałkuj ciasto na cienki placek. Najbardziej wyszukany makaron jajeczny jest dość cienko zwijany, jeśli pozwala na to cierpliwość, ale pamiętaj, że makaron pęcznieje po ugotowaniu, więc należy go rozrzedzać. Pozostaw rozwałkowane ciasto na desce do wyschnięcia na 1 godzinę.

d) Pokrój ciasto na makaron, koło do pizzy bardzo to ułatwi. Po przekrojeniu makaronu zostawiamy go na desce, a w dużym garnku zastawiamy osoloną wodę i zagotowujemy. Gdy woda się zagotuje, dodaj makaron i mieszaj, aby się nie posklejał.

e) Gotuj makaron przez 3 do 5 minut lub do momentu ugotowania. Odcedź i podawaj według uznania.

43. Burgery z mniszka lekarskiego

SKŁADNIKI:
- 1 szklanka mąki
- 1 szklanka płatków mniszka lekarskiego (bez zielonych)
- 1 jajko
- 1/4 szklanki mleka
- 1/2 szklanki posiekanej cebuli
- 1/4 łyżeczki soli
- 1/2 łyżeczki czosnku w proszku
- Po 1/4 łyżeczki bazylii i oregano
- 1/8 łyżeczki pieprzu

INSTRUKCJE:
a) Wymieszaj wszystkie składniki razem.
b) Ciasto będzie lepkie. Uformuj kotlety i smaż na patelni na oleju lub maśle, obracając, aż będą chrupiące z obu stron.
c) Nie, nie smakują jak hamburgery, ale nie są złe.

44. Mlecze I Ziemniaki Z Serem

SKŁADNIKI:
- 450 g zieleniny mniszka lekarskiego
- 1 łyżka Pecorino Romano
- 1 złoty ziemniak
- ½ łyżeczki czarnego pieprzu i soli kuchennej do smaku
- 4 szalotki
- 7 łyżek oliwy z oliwek z pierwszego tłoczenia
- Gotowane na parze warzywa z mniszka lekarskiego

INSTRUKCJE:

a) Umyj i podnieś zieleninę mniszka lekarskiego tyle razy, ile potrzeba, aby wyeliminować brud. Mniszek lekarski gotuj na parze lub gotuj zaledwie 5 minut. Jeśli to możliwe, oszczędzaj wodę używaną do gotowania na parze lub gotowania warzyw. Smażone mniszki lekarskie i ziemniaki

b) Obierz i pokrój szalotki na ćwiartki. Ziemniaka również obierz i pokrój w dużą kostkę o grubości ½ cala. Na patelnię wlać 3 łyżki oliwy z oliwek i postawić na średnim ogniu. Gdy olej będzie bardzo gorący, ale nie dymiący, wrzuć szalotki na patelnię i smaż, mieszając, aż uzyska złoty kolor.

c) Teraz dodaj ziemniaki i kontynuuj smażenie, mieszając, przez kolejne pięć minut.

d) Na koniec dodaj mniszek lekarski pokrojony na kawałki o długości 3 cali. Smaż 5 minut, następnie dodaj ½ chochli wody, w której gotowano mniszek.

e) Gotuj na średnim ogniu, aż ziemniaki będą ugotowane, ale nie rozgniecione. W razie potrzeby dodać jeszcze kilka łyżek wody.

f) Na koniec dodać starty ser Pecorino Romano, czarny pieprz i sól do smaku. Z daleka od ognia, uzupełnij porcję 1 łyżką oliwy z oliwek i podawaj bardzo gorącą.

45. Makaron z pesto z mniszka lekarskiego

SKŁADNIKI:
- 2 szklanki świeżej zieleniny mniszka lekarskiego, umytego i posiekanego
- 1/2 szklanki prażonych orzeszków piniowych
- 2 ząbki czosnku, posiekane
- 1/2 szklanki startego parmezanu
- 1/2 szklanki oliwy z oliwek z pierwszego tłoczenia
- Sól i pieprz do smaku
- Ugotowany makaron do wyboru (spaghetti, fettuccine itp.)

INSTRUKCJE:

a) W robocie kuchennym wymieszaj zieleninę mniszka lekarskiego, orzeszki piniowe, czosnek i parmezan. Pulsuj, aż zostaną drobno posiekane.

b) Przy włączonym robocie kuchennym powoli wlewaj oliwę z oliwek, aż mieszanina utworzy gładką pastę. Dopraw solą i pieprzem do smaku.

c) Wymieszaj pesto z mniszka lekarskiego z ugotowanym makaronem, aż dobrze się nim pokryje. Podawać na gorąco, w razie potrzeby udekorowane dodatkowym parmezanem.

46. Risotto z mniszka lekarskiego i grzybów

SKŁADNIKI:
- 1 szklanka ryżu Arborio
- 4 szklanki bulionu warzywnego lub drobiowego
- 1 cebula, drobno posiekana
- 2 ząbki czosnku, posiekane
- 1 szklanka świeżej zieleniny mniszka lekarskiego, umytego i posiekanego
- 1 szklanka pokrojonych w plasterki grzybów (takich jak cremini lub shiitake)
- 1/2 szklanki wytrawnego białego wina
- 1/4 szklanki startego parmezanu
- 2 łyżki masła
- Sól i pieprz do smaku
- Świeża natka pietruszki do dekoracji

INSTRUKCJE:
a) W dużym rondlu podgrzej bulion na małym ogniu i trzymaj go w cieple.
b) W innym dużym rondlu lub piekarniku holenderskim rozpuść masło na średnim ogniu. Dodajemy posiekaną cebulę i czosnek, smażymy aż zmiękną.
c) Dodaj ryż Arborio do rondla i mieszaj, aby pokrył się masłem, gotuj przez 1-2 minuty, aż będzie lekko przypieczony.
d) Wlać białe wino i gotować, ciągle mieszając, aż zostanie wchłonięte przez ryż.
e) Rozpocznij dodawanie ciepłego bulionu do mieszanki ryżowej, po jednej łyżce na raz, ciągle mieszając i pozwalając, aby każdy dodatek został wchłonięty, zanim dodasz kolejny. Kontynuuj ten proces, aż ryż będzie kremowy i ugotowany al dente, około 18-20 minut.
f) Przez ostatnie 5 minut gotowania dodaj posiekaną zieleninę mniszka lekarskiego i pokrojone w plasterki grzyby.
g) Gdy risotto będzie ugotowane do pożądanej konsystencji, zdejmij je z ognia i dodaj starty parmezan. Dopraw solą i pieprzem do smaku.
h) Podawaj gorące risotto, udekorowane świeżą natką pietruszki.

47. Quiche z mniszka lekarskiego

SKŁADNIKI:

- 1 spód ciasta (kupny lub domowej roboty)
- 1 szklanka świeżej zieleniny mniszka lekarskiego, umytego i posiekanego
- 1/2 szklanki pokrojonej w kostkę szynki lub gotowanego boczku (opcjonalnie)
- 1/2 szklanki startego sera (takiego jak Cheddar lub Swiss)
- 4 jajka
- 1 szklanka mleka lub śmietanki
- Sól i pieprz do smaku
- Szczypta gałki muszkatołowej (opcjonalnie)

INSTRUKCJE:

g) Rozgrzej piekarnik do 190°C (375°F).
h) Formę do ciasta wyłóż ciastem, zaciskając krawędzie według uznania.
i) W misce wymieszaj jajka, mleko lub śmietanę, sól, pieprz i gałkę muszkatołową, aż dobrze się połączą.
j) Rozłóż posiekane zioła mniszka lekarskiego równomiernie na dnie ciasta. Posyp pokrojoną w kostkę szynkę lub ugotowany boczek (jeśli używasz) warzywami, a następnie pokruszonym serem.
k) Ostrożnie wylej masę jajeczną na składniki nadzienia w cieście.
l) Włóż quiche do nagrzanego piekarnika i piecz przez 35-40 minut lub do momentu, aż nadzienie się zetnie, a skórka stanie się złotobrązowa.
m) Przed pokrojeniem i podaniem poczekaj, aż quiche lekko ostygnie. Ciesz się ciepłem lub w temperaturze pokojowej.

48. Tarta z mniszka lekarskiego i koziego sera

SKŁADNIKI:

- 1 arkusz ciasta francuskiego, rozmrożonego
- 1 szklanka świeżej zieleniny mniszka lekarskiego, umytego i posiekanego
- 4 uncje koziego sera, pokruszonego
- 1/4 szklanki posiekanych orzechów włoskich
- 1 łyżka miodu
- Sól i pieprz do smaku
- Opcjonalnie: glazura balsamiczna do skropienia

INSTRUKCJE:

a) Rozgrzej piekarnik do 200°C (400°F).
b) Rozwałkuj arkusz ciasta francuskiego na lekko posypanej mąką powierzchni i przenieś go na blachę wyłożoną papierem do pieczenia.
c) Rozłóż równomiernie posiekane zioła mniszka lekarskiego na cieście francuskim, pozostawiając brzegi na brzegach.
d) Posyp warzywa pokruszonym serem kozim i posiekanymi orzechami włoskimi. Tartę równomiernie posmaruj miodem.
e) Dopraw solą i pieprzem do smaku. Opcjonalnie posmaruj wierzch glazurą balsamiczną dla dodania smaku.
f) Piec w nagrzanym piekarniku przez 20-25 minut lub do momentu, aż ciasto będzie złotobrązowe i chrupiące.
g) Wyjmij z piekarnika i poczekaj, aż lekko ostygnie przed pokrojeniem. Podawać na ciepło jako pyszną przystawkę lub lekkie danie główne.

SAŁATKI

49.Mniszka Z Sosem Jagodowym Açaí

SKŁADNIKI:
DRESSING JAGODOWY AÇAÍ
- 100-gramowe opakowanie niesłodzonego Açaí o temperaturze pokojowej
- ¼ szklanki oleju kokosowego
- ¼ szklanki octu jabłkowego
- 2 łyżki miodu
- 1 łyżka nasion chia
- 1 łyżeczka soli morskiej

SAŁATKA
- 2 szklanki drobno pokrojonego jarmużu
- 2 szklanki cienko pokrojonej kapusty pekińskiej
- 1 szklanka drobno pokrojonych liści mniszka lekarskiego
- 1 szklanka pokrojonej w cienkie plasterki czerwonej kapusty
- ½ szklanki pokrojonej w cienkie plasterki bazylii
- ½ szklanki rozdrobnionych buraków
- ½ szklanki startej marchewki
- ½ szklanki prażonych nasion dyni
- Kiełki słonecznika

INSTRUKCJE:
a) Aby przygotować DRESSING Z Jagód Açaí: Zmiksuj wszystkie składniki w robocie kuchennym lub blenderze na gładką masę.
b) Jarmuż włóż do dużej miski. Nałóż kilka łyżek stołowych na jarmuż i wmasuj, aż się pokryje. Dodaj wszystkie pozostałe warzywa do miski i skrop dodatkowym dressingiem, według uznania.
c) Posyp pestkami dyni i kiełkami, wymieszaj. Ciesz się odżywianiem!

50.Sałatka Z Mniszka I Chorizo

SKŁADNIKI:

- Sałatka z młodych liści mniszka lekarskiego
- 2 kromki chleba, pokrojone
- 4 łyżki oliwy z oliwek
- 150 gramów Chorizo, pokrojonego w grube plasterki
- 2 posiekane ząbki czosnku
- 1 łyżka octu z czerwonego wina
- Sól i pieprz

INSTRUKCJE:

a) Zbierz liście mniszka lekarskiego, opłucz i osusz czystą ściereczką. Ułóż w misce do serwowania.
b) Z chleba odkrawamy skórkę i kroimy go w kostkę. Na patelni rozgrzej połowę oliwy z oliwek.
c) Smażyć grzanki na umiarkowanym ogniu, często obracając, aż będą równomiernie zrumienione.
d) Odsączyć na papierze kuchennym. Wytrzyj patelnię i dodaj pozostały olej. Smaż chorizo lub smalce na dużym ogniu, aż się zarumienią.
e) Dodać czosnek i smażyć jeszcze kilka sekund, następnie zdjąć z ognia. Wyjmij chorizo łyżką cedzakową i posyp nim sałatkę.
f) Odstawić patelnię na chwilę do ostygnięcia, dodać ocet i polać wszystko sałatką.
g) Posyp grzankami, dopraw solą i pieprzem, wymieszaj i podawaj.

51. Sałatka z mniszka lekarskiego

SKŁADNIKI:
- 4 szklanki świeżej zieleniny mniszka lekarskiego
- 1 szklanka pomidorków koktajlowych, przekrojonych na połówki
- 1/2 szklanki sera feta, pokruszonego
- 1/4 szklanki sosu balsamicznego
- Sól i pieprz do smaku

INSTRUKCJE:
a) Umyj i wysusz liście mniszka lekarskiego.
b) Wymieszaj liście mniszka lekarskiego, pomidorki koktajlowe i ser feta.
c) Skropić sosem balsamicznym. Doprawić solą i pieprzem.

52. Sałatka z pieczonej dyni Pattypan

SKŁADNIKI:
PESTO
- 1 uncja zieleniny mniszka lekarskiego, przycięta i porwana na kawałki wielkości kęsa
- 3 łyżki prażonych nasion słonecznika
- 3 łyżki wody
- 1 łyżka syropu klonowego
- 1 łyżka octu jabłkowego
- 1 ząbek czosnku, posiekany
- ¼ łyżeczki soli kuchennej
- ⅛ łyżeczki płatków czerwonej papryki
- ¼ szklanki oliwy z oliwek z pierwszego tłoczenia

SAŁATKA
- 2 łyżki oliwy z oliwek extra virgin
- 2 łyżeczki syropu klonowego
- ½ łyżeczki soli kuchennej
- ⅛ łyżeczki pieprzu
- 1,5 funta dyni małego pattypanu, przekrojonej poziomo na pół
- 4 kłosy kukurydzy, ziarna wycięte z kolby
- 1 funt dojrzałych pomidorów, wydrążonych, pokrojonych w kliny o grubości ½ cala i kliny przekrojone na pół
- 1 uncja zieleniny mniszka lekarskiego, przyciętego i porwanego na kawałki wielkości kęsa (1 szklanka)
- 2 łyżki prażonych nasion słonecznika

INSTRUKCJE:
NA PESTO:
a) Ustaw półkę piekarnika w najniższej pozycji, umieść na niej obramowaną blachę do pieczenia i rozgrzej piekarnik do 500 stopni.
b) Zmiel zieleninę mniszka lekarskiego, nasiona słonecznika, wodę, syrop klonowy, ocet, czosnek, sól i płatki pieprzu w robocie kuchennym, aż zostaną drobno zmielone, przez około 1 minutę, w razie potrzeby zeskrobując boki miski.
c) Gdy procesor jest uruchomiony, powoli wlewaj olej, aż się wchłonie.

NA SAŁATKĘ:

d) W dużej misce wymieszaj olej, syrop klonowy, sól i pieprz. Dodaj dynię i kukurydzę i wymieszaj. Pracując szybko, rozłóż warzywa w jednej warstwie na gorącym arkuszu, układając dynię przekrojoną stroną do dołu.

e) Piec, aż przecięta strona dyni będzie rumiana i miękka, od 15 do 18 minut. Przełożyć blachę na kratkę i pozostawić do lekkiego przestygnięcia na około 15 minut.

f) Połącz pieczoną dynię i kukurydzę, połowę pesto, pomidory i zieleninę mniszka lekarskiego w dużej misce i delikatnie wymieszaj.

g) Skropić pozostałym pesto i posypać pestkami słonecznika. Podawać.

53. Sałatka z pomidorów, ogórków, dyni i słoików mniszka lekarskiego

Służy 2

SKŁADNIKI:
- 1/2 szklanki ugotowanej dyni pokrojonej w kostkę
- 1/2 szklanki pomidorów
- 1/2 szklanki pokrojonego w plasterki ogórka
- 1/2 szklanki liści mniszka lekarskiego

UBIERANIE SIĘ:
- 1 łyżka. oliwa z oliwek i 1 łyżka. z Chlorelli
- 1 łyżka. świeży sok z cytryny i szczypta soli morskiej

INSTRUKCJE:
a) Składniki ułożyć w następującej kolejności: dressing, pomidory, ogórki, dynia i liście mniszka lekarskiego.

54. Sałatka z ciecierzycy, pomidorów i papryki w słoiku

SKŁADNIKI:
- 3/4 szklanki ciecierzycy
- 1/2 szklanki pomidorów i 1/2 szklanki liści mniszka lekarskiego
- 1/2 szklanki pokrojonego w plasterki ogórka
- 1/2 szklanki żółtej papryki

UBIERANIE SIĘ:
- 1 łyżka. oliwa z oliwek i 2 łyżki. Jogurt grecki
- 1 łyżka. świeży sok z cytryny i szczypta soli morskiej

INSTRUKCJE:

a) Składniki ułożyć w następującej kolejności: dressing, ogórek, pomidor, ciecierzyca, papryka i liście mniszka lekarskiego.

55. Sałatka z buraków, marchwi, buraków i pomidorów cherry

SKŁADNIKI:
- 1 szklanka pakowanych buraków
- 1/2 szklanki pokrojonej w plasterki marchewki
- 1 szklanka pomidorków koktajlowych
- 1 szklanka pokrojonego buraka
- 1/2 szklanki liści mniszka lekarskiego

UBIERANIE SIĘ:
- 1 łyżka. oliwa z oliwek lub olej z awokado
- 1 łyżka. świeży sok z cytryny
- szczypta czarnego pieprzu
- szczypta soli morskiej i jeden zmielony ząbek czosnku (opcjonalnie)

INSTRUKCJE:
a) Wymieszaj wszystkie składniki.

56. Pomidor, kurczak, ogórki, sałatka z mniszka lekarskiego w słoiku

SKŁADNIKI:
- 1/2 szklanki grillowanego kurczaka
- 1/2 szklanki pomidorów
- 1/2 szklanki pokrojonych w plasterki ogórków
- 1/2 szklanki liści mniszka lekarskiego

UBIERANIE SIĘ:
- 1 łyżka. oliwa z oliwek i 2 łyżki. Jogurt grecki
- 1 łyżka. świeży sok z cytryny i szczypta soli morskiej

INSTRUKCJE:
a) Składniki ułożyć w następującej kolejności: dressing, kurczak, pomidor, ogórki i mniszek lekarski.

57. Sałatka z kuskusem, kurczakiem i mniszkiem

SKŁADNIKI:
NA SAŁATKĘ
- 4 piersi z kurczaka bez kości i skóry
- Jarmuż w worku 7 uncji
- ½ funta porwanych zielonych liści mniszka lekarskiego
- kilka cienkich plasterków czerwonej cebuli
- 1/2 słodkiej czerwonej papryki, pokrojonej w paski
- 1 1/2 szklanki pomidorów winogronowych przekrojonych na pół
- 1 marchewka, pokrojona w wstążki
- 1 czerwona pomarańcza, przekrojona na pół i lekko grillowana

DO MARYNATY:
- 2 łyżki świeżo wyciśniętego soku z cytryny
- 1 łyżeczka suszonego oregano
- 1 łyżeczka czosnku, zmiażdżonego
- sól koszerna do smaku
- świeżo zmielony czarny pieprz do smaku

NA BIAŁY WINEGRET BALSAMICZNY:
- 1/4 szklanki liści bazylii
- 3 łyżki białego octu balsamicznego
- 2 łyżki posiekanej szalotki
- 1 łyżka wody
- 2 łyżki oliwy z oliwek z pierwszego tłoczenia
- szczypta soli i świeżo zmielonego czarnego pieprzu

INSTRUKCJE:
a) Połączyć składniki marynaty – sok z cytryny, oregano, przecier czosnkowy, sól i czarny pieprz i zalać kurczaka, pozostawić do zamarynowania.
b) Wszystkie składniki winegretu umieścić w blenderze i zmiksować na gładką masę. Odłożyć na bok.
c) Grilluj kurczaka, aż będzie dobrze rumiany z obu stron.
d) Ułóż warzywa, połóż na nich kurczaka i skrop sosem balsamicznym.

58. Sałatka z makaronem mniszka lekarskiego

SKŁADNIKI:
- 3 szklanki ugotowanego makaronu
- 2 łyżki octu
- 1 ½ szklanki pokrojonych w kostkę pomidorów, odsączonych
- 1 łyżka oliwy z oliwek
- 1 szklanka liści mniszka lekarskiego, wstępnie ugotowanych
- 8 oliwek pokrojonych w plasterki
- 2 dzikie pory, posiekane, warzywa i all lub 2 łyżki posiekanej cebuli
- ½ łyżeczki soli

INSTRUKCJE:
a) Połącz i ciesz się!

59. Zwiędłe warzywa mniszka lekarskiego z boczkiem

SKŁADNIKI:
- 1 łyżka całych nasion gorczycy
- 2 łyżeczki klarowanego masła lub ghee
- 4 uncje boczku wyhodowanego na pastwisku, posiekanego
- 1 mała szalotka, posiekana
- 1 funt młodych liści mniszka lekarskiego
- 2 łyżeczki czerwonego octu winnego

INSTRUKCJE:
a) Umieść patelnię żeliwną lub ze stali nierdzewnej na dużym ogniu. Dodaj całe nasiona gorczycy na patelnię i praż je delikatnie, aż uwolnią swój zapach, około dwóch minut. Uprażone nasiona gorczycy przełóż do miski lub naczynia, aby ostygły.
b) Zmniejsz ogień do średniego. Dodaj jedną łyżeczkę klarowanego masła lub ghee na patelnię i poczekaj, aż się rozpuści, aż zacznie się pienić. Na patelnię wrzucamy pokrojony boczek i smażymy, aż będzie chrupiący i wytopi się tłuszcz. Przełóż chrupiący boczek do naczynia z prażonymi ziarnami gorczycy.
c) Na tej samej patelni z pozostałym tłuszczem z boczku dodaj posiekaną szalotkę. Smaż szalotkę, aż zacznie pachnieć i zmięknie, około trzech minut.
d) Wmieszaj zieleninę mniszka lekarskiego na patelnię z miękką szalotką i tłuszczem z bekonu. Natychmiast wyłącz ogień, ponieważ warzywa zwiędną pod wpływem ciepła resztkowego patelni.
e) Wlej ocet winny na zwiędłe liście mniszka lekarskiego i kontynuuj mieszanie, aż warzywa zwiędną zgodnie z twoimi upodobaniami.
f) Przełóż zwiędłe liście mniszka lekarskiego do naczynia, w którym będziesz serwować porcję. Na wierzch posypujemy prażonymi ziarnami gorczycy i chrupiącym boczkiem.
g) Podawaj zwiędłe liście mniszka lekarskiego natychmiast jako pyszny dodatek lub lekki posiłek.

ZUPY

60.Zupa Z Mniszka I Ziemniaków

SKŁADNIKI:
- 2 szklanki pokrojonych w kostkę ziemniaków
- 1 szklanka posiekanych świeżych liści mniszka lekarskiego, umytych
- 1/2 cebuli, pokrojonej w kostkę
- 2 ząbki czosnku, posiekane
- 4 szklanki bulionu warzywnego lub drobiowego
- 1/2 szklanki gęstej śmietanki
- 2 łyżki masła
- Sól i pieprz do smaku
- Opcjonalnie dekoracja: posiekany szczypiorek lub natka pietruszki

INSTRUKCJE:
a) W dużym garnku rozpuść masło na średnim ogniu. Dodaj pokrojoną w kostkę cebulę i posiekany czosnek i smaż, aż zmiękną, około 3-4 minuty.
b) Do garnka wrzucamy pokrojone w kostkę ziemniaki i zalewamy bulionem warzywnym lub drobiowym. Doprowadzić mieszaninę do wrzenia, następnie zmniejszyć ogień do małego i gotować na wolnym ogniu przez 15-20 minut lub do momentu, aż ziemniaki będą miękkie.
c) Używając blendera zanurzeniowego lub przelewając do blendera partiami, zmiksuj zupę na gładką masę.
d) Wymieszaj posiekane zioła mniszka lekarskiego i gęstą śmietanę. Gotuj zupę przez kolejne 5-7 minut, aż warzywa zwiędną, a zupa zostanie podgrzana.
e) Dopraw solą i pieprzem do smaku. Podawać na gorąco, według uznania udekorowane posiekanym szczypiorkiem lub natką pietruszki. Ciesz się tą pocieszającą i pożywną zupą z mniszka lekarskiego i ziemniaków.

61.Z Homara I Mniszka Z Plackami

SKŁADNIKI:
- 1 łyżka oliwy z oliwek
- 1 funt kiełbasy chorizo, pokrojonej w plasterki
- 2 szklanki cebuli pokrojonej w julienne
- 8 szklanek bulionu z homara, krewetek lub ryb
- 12 całych ząbków czosnku, obranych
- 2 zielone chili, pokrojone w cienkie pierścienie
- 3 szklanki grubo posiekanego mniszka lekarskiego
- 2 szklanki posiekanych pomidorów
- 3 pomarańcze, wyciśnięty sok
- 2 homary kolczaste lub z Maine, przekrojone na pół
- Sól
- Zmielone płatki czerwonej papryki
- ½ szklanki mleka kokosowego
- 2 łyżki drobno posiekanych świeżych liści kolendry
- 1 przepis na pikantne placuszki
- 1 przepis na majonez z czerwonej papryki

INSTRUKCJE:
a) Do dużego garnka wlej 1 łyżkę oliwy z oliwek i podgrzej na średnim ogniu.
b) Dodaj kiełbasę i cebulę, smaż przez dwie minuty.
c) Doprowadzić do wrzenia, mieszając dodać bulion, czosnek i chili.
d) Gotuj przez 60 minut.
e) Dodaj połówki homara, ziele mniszka lekarskiego, pomidory i sok pomarańczowy, dopraw solą i płatkami czerwonej papryki.
f) Dusić przez 30 minut.
g) Dodać mleko kokosowe i kolendrę, wymieszać.
h) W każdej małej misce umieść połówkę homara.
i) Podawaj homary z bulionem na wierzchu.
j) Dodaj placki i odrobinę majonezu jako dekorację.

62. Wolnowarujący wegański rosół z kością

SKŁADNIKI:

- 1 szklanka ziela mniszka lekarskiego
- 2 szklanki suszonych grzybów
- Kawałek imbiru wielkości kciuka
- ¼ szklanki żelu z mchu morskiego
- 3 suche lub świeże liście laurowe
- 1 szklanka suszonych wodorostów
- garść kolendry lub kolendry
- 10 szklanek wody źródlanej

INSTRUKCJE:

a) Dodaj wszystkie warzywa, żel z mchu morskiego i sól morską do wolnowaru.
b) Zalać wodą źródlaną i gotować na małym ogniu przez 8 godzin.
c) Po zakończeniu gotowania umieść sitko nad dużą szklaną miską i przez sitko wlej do miski bulion.
d) Przechowuj domowy bulion wegański w czystych szklanych słoikach i przechowuj go w lodówce przez 5 do 7 dni. Można go zamrażać w foremkach na kostki lodu do 3 miesięcy.
e) Możesz pić ten wegański bulion kostny w czystej postaci (½ szklanki dziennie) lub dodawać go do domowych zup i komosy ryżowej.
f) Gdy ostygnie, stanie się gęsty.

63. Curry z mniszka lekarskiego i ciecierzycy

SKŁADNIKI:
- 2 szklanki świeżej zieleniny mniszka lekarskiego, umytego i posiekanego
- 1 puszka (15 uncji) ciecierzycy, odsączona i opłukana
- 1 cebula, pokrojona w kostkę
- 2 ząbki czosnku, posiekane
- 1 łyżka curry w proszku
- 1 łyżeczka mielonego kminku
- 1 łyżeczka mielonej kolendry
- 1 puszka (14 uncji) mleka kokosowego
- 1 łyżka oleju roślinnego
- Sól i pieprz do smaku
- Do podania ugotowany ryż lub chleb naan

INSTRUKCJE:
a) Rozgrzej olej roślinny na dużej patelni lub w garnku na średnim ogniu. Dodaj pokrojoną w kostkę cebulę i posiekany czosnek i smaż, aż zmiękną, około 3-4 minuty.
b) Na patelnię dodaj curry, mielony kminek i mieloną kolendrę. Gotuj przez kolejne 1-2 minuty, aż zacznie pachnieć.
c) Wymieszać z posiekaną zieleniną mniszka lekarskiego i odsączoną ciecierzycą, posypując je przyprawami.
d) Wlać mleko kokosowe i doprowadzić mieszaninę do wrzenia. Zmniejsz ogień do małego i gotuj na wolnym ogniu przez 10-12 minut, pozwalając, aby smaki się połączyły.
e) Dopraw solą i pieprzem do smaku. Podawaj gorące curry z mniszka lekarskiego i ciecierzycy z ugotowanym ryżem lub z chlebem naan, aby uzyskać pyszny i satysfakcjonujący posiłek.

64.Zupa Krem Z Mniszka Lekarskiego

SKŁADNIKI:
- 4 szklanki posiekanych liści mniszka lekarskiego
- 2 szklanki płatków kwiatów mniszka lekarskiego
- 2 szklanki pąków mniszka lekarskiego
- 1 łyżka masła lub oliwy z oliwek
- 1 szklanka posiekanych dzikich porów (lub cebuli)
- 6 ząbków czosnku, posiekanych
- 4 szklanki wody
- 2 szklanki pół na pół lub ciężkiej śmietany
- 2 łyżeczki soli

INSTRUKCJE:
a) Delikatnie zagotuj liście mniszka lekarskiego w 6 szklankach wody. Wylej gorzką wodę. Zagotuj delikatnie drugi raz, odlej gorzką wodę.
b) W garnku do zupy o grubym dnie podsmaż dzikie pory i czosnek na maśle lub oliwie z oliwek, aż będą miękkie. Dodaj 4 szklanki wody.
c) Dodaj liście mniszka lekarskiego, płatki kwiatów, pąki i sól. Gotuj delikatnie przez około 45 minut.
d) Dodać śmietanę i dusić jeszcze kilka minut. Udekoruj płatkami kwiatów.

65. Zupa z pąków grochu i mniszka lekarskiego

SKŁADNIKI:
- 1 szklanka łuskanego groszku
- 1 łyżeczka soli
- 6 szklanek wody
- 2 łyżki masła
- 4-5 ząbków czosnku, posiekanych
- 1/2 szklanki cebuli, posiekanej
- 1/2 szklanki selera, pokrojonego w cienkie plasterki
- 2 szklanki pąków mniszka lekarskiego
- 1/2 łyżeczki bazylii
- 1/2 łyżeczki szałwii
- 1/2 łyżeczki pikantnego
- 1 szklanka mleka
- 1-2 szklanki sera pokrojonego w kostkę

Garnirunek:
- Płatki kwiatów mniszka lekarskiego

INSTRUKCJE:
a) Gotuj groszek w 6 szklankach wody z solą przez 1,5 do 2 godzin, aż będzie gotowy.
b) Na osobnej patelni podsmaż na maśle czosnek, cebulę, seler i pąki mniszka lekarskiego, aż zmiękną.
c) Dodaj bazylię, szałwię i cząber do smażonej mieszanki.
d) Połącz smażone warzywa z ugotowanym bulionem z groszku. Gotuj powoli przez około 30 minut.
e) Tuż przed podaniem dodać mleko i pokrojony w kostkę ser, aż ser się rozpuści.
f) Przed podaniem udekoruj płatkami kwiatu mniszka lekarskiego.

66.Zupa Dyniowo-Mniszkowa

SKŁADNIKI:

- 1 duża garść liści mniszka lekarskiego
- 1 mała dynia
- 1 średnia lub duża cebula, posiekana
- 1 ½ łyżeczki soli
- 2 łyżki stołowe. masło lub oliwa z oliwek
- 6 ząbków czosnku, posiekanych
- 6 szklanek wody
- 1 szklanka gęstej śmietanki
- ½ łyżeczki gałki muszkatołowej

INSTRUKCJE:

a) Liście mniszka lekarskiego pokrój na kawałki wielkości kęsa. Gotować we wrzącej wodzie do miękkości. Odcedź i posmakuj. Jeśli jest zbyt gorzki, powtórz proces gotowania i odcedzenia.

b) Piec całą dynię na blasze do pieczenia w temperaturze 350°F przez około 1 godzinę lub do całkowitego miękkości. Pozwól mu ostygnąć, a następnie przekrój go na pół i usuń nasiona. Obierz skórkę.

c) W garnku do zupy o grubym dnie podsmaż posiekaną cebulę i posiekany czosnek na oleju lub maśle, aż zmiękną.

d) Do garnka ze smażoną cebulą i czosnkiem wlej 6 szklanek wody. Do garnka dodaj ugotowane warzywa z mniszka lekarskiego i puree z dyni. Dobrze wymieszać. Sezon z solą. Gotuj na wolnym ogniu przez 30 minut.

e) Tuż przed podaniem dodaj 1 szklankę gęstej śmietany i ½ łyżeczki gałki muszkatołowej. W razie potrzeby dopraw do smaku.

DESER

67. Truskawkowy Bavarois Z Galaretką Łopianową

SKŁADNIKI:
NA TRUSKAWKOWE BAVAROIS:
- 500 g świeżych, dojrzałych truskawek, obranych i umytych
- 50 g cukru pudru
- 120 g cukru pudru
- 50 ml zimnej wody
- 3 żółtka
- 2 listki żelatyny, zakwitły
- 200 g przecieru truskawkowego, schłodzonego
- 300 ml śmietany do ubijania

NA LODY TRUSKAWKOWE:
- 250g świeżych, bardzo dojrzałych truskawek, obranych i umytych
- 150ml śmietanki podwójnej
- 75 ml mleka
- 75 g cukru pudru

NA galaretkę z mniszka lekarskiego i łopianu:
- 275ml Napój z mniszka lekarskiego i łopianu
- 50 g cukru pudru
- 2 listki żelatyny, zakwitły
- 25 g świeżych gałązek mikro mięty do dekoracji
- 20 g kawałków liofilizowanych truskawek do dekoracji

INSTRUKCJE:
a) Na pieczone truskawki dla Bavarois:
b) Rozgrzej piekarnik do 180°C/Gas Mark 4 i wyłóż blachę do pieczenia nieprzywierającym papierem do pieczenia.
c) Na przygotowaną blachę do pieczenia rozłóż truskawki, posyp cukrem pudrem i zalej 2 łyżkami zimnej wody.
d) Piec truskawki przez 12-15 minut, aż zmiękną i pojawi się różowy sok. Całkowicie ostudzić.

NA LODY TRUSKAWKOWE:
e) Wszystkie składniki lodów miksuj przez 1 minutę.
f) Ubić w maszynie do lodów lub zamrozić, od czasu do czasu ubijając.

DLA BAVAROIS:
g) Cukier puder, wodę i żółtka ubijać nad gotującą się wodą przez 12 minut, aż masa będzie gęsta i blada.

h) Zdejmij z ognia, dodaj żelatynę i mieszaj, aż się rozpuści. Wymieszaj ze schłodzonym puree truskawkowym.
i) Przenieść do czystej miski ustawionej na lodzie, aby ostygło. Śmietankę ubić na pół i dodać do masy truskawkowej.
j) Wylej mieszaninę bavarois na pieczone truskawki w szklankach deserowych i wstaw do lodówki na 4 godziny, aż zastygną.
k) Galaretka z mniszka lekarskiego i łopianu:
l) Napój z mniszka i łopianu podgrzać z cukrem, aż cukier się rozpuści. Zdjąć z ognia i dodać żelatynę. Mieszaj aż do rozpuszczenia.
m) Odcedź mieszaninę do pojemnika i wstaw do lodówki na 4 godziny, aż zastygnie.

SŁUŻYĆ:
n) Ułóż zarezerwowane pieczone truskawki na wierzchu bavarois.
o) Pomiędzy truskawki ułóż małe kulki galaretki z mniszka lekarskiego i łopianu, a do każdego deseru dodaj gałkę lodów truskawkowych.
p) Udekoruj mikromiętą i kawałkami liofilizowanych truskawek. Natychmiast podawaj.

68. Holenderskie Ciasto Kukurydziane Z Zielonymi Mniszkami

SKŁADNIKI:

- 6 jaj
- 1 ½ szklanki pół na pół
- 4 plasterki boczku
- 2 szklanki ziaren kukurydzy, wyciętych z około 3 kłosów lub zamrożonych
- 3 szalotki, pokrojone w cienkie plasterki
- ½ szklanki posiekanej zieleniny mniszka lekarskiego
- ½ szklanki posiekanej natki pietruszki
- Posyp solą
- Posyp świeżo zmielony czarny pieprz
- Masło, do natłuszczenia
- 1 szklanka bezglutenowej bułki tartej panko
- 1 łyżka oliwy z oliwek

INSTRUKCJE:

a) Rozgrzej piekarnik do 400°F.
b) W średniej misce ubij jajka i dodaj pół na pół. Odłożyć na bok.
c) Boczek ugotować, odcedzić i pokroić w drobną kostkę. Odłożyć na bok.
d) Połącz masę jajeczną z kukurydzą, bekonem, szalotką, zieleniną mniszka lekarskiego, pietruszką, solą i pieprzem.
e) Obficie posmaruj masłem 10-calową blachę do ciasta, a następnie wlej mieszaninę jajek.
f) Do małej miski wsyp bułkę tartą z oliwą z oliwek, a następnie rozłóż je na wierzchu.
g) Piec przez 40 do 45 minut lub do momentu, aż jajka się zetną. Podawać na ciepło.

69. Ciasto z kwiatami mniszka lekarskiego

SKŁADNIKI:

- 2 łyżeczki proszku do pieczenia
- 2 szklanki mąki
- 1 ½ łyżeczki sody oczyszczonej
- 1 łyżeczka cynamonu
- 1 łyżeczka soli
- 1 szklanka cukru
- 1 szklanka syropu z kwiatu mniszka lekarskiego
- 1 ½ szklanki oleju
- 4 jajka
- 2 szklanki płatków kwiatu mniszka lekarskiego
- 1 puszka rozgniecionego ananasa
- ½ szklanki orzechów włoskich
- ½ szklanki kokosa

LUKIER

- 18-uncjowy serek śmietankowy w opakowaniu, temperatura pokojowa
- 1 szklanka cukru pudru
- 1 lub 2 łyżki mleka

INSTRUKCJE:

a) Przesiej razem suche składniki. W osobnej misce ubić cukier, syrop z mniszka lekarskiego, olej i jajka na kremową masę.
b) Dodaj ananasa, orzechy włoskie i kokos, dobrze wymieszaj.
c) Mieszaj suche składniki w mieszaninie, aż dobrze się wymieszają.
d) Ciasto wlać do natłuszczonej formy o wymiarach 9×13 i piec w temperaturze 350°C przez około 40 minut.

70. Szyfonowe ciasteczka z mniszka lekarskiego

SKŁADNIKI:

- 1/2 szklanki oleju roślinnego
- 1/2 szklanki miodu
- 2 jajka
- 1 szklanka mąki
- 1 szklanka suchych płatków owsianych
- 1/2 szklanki płatków kwiatów mniszka lekarskiego
- 1 łyżeczka ekstraktu z cytryny
- Opcjonalnie: 1/2 szklanki posiekanych orzechów

INSTRUKCJE:

a) Rozgrzej piekarnik do 190°C (375°F).
b) W dużej misce wymieszaj olej roślinny, miód i jajka. Mieszaj, aż dobrze się wymiesza.
c) Do mokrych składników dodajemy mąkę i suche płatki owsiane, mieszamy aż wszystko się dokładnie połączy.
d) Delikatnie dodaj płatki kwiatów mniszka lekarskiego i posiekane orzechy (jeśli używasz), upewniając się, że są równomiernie rozmieszczone w cieście.
e) Nakładać łyżką ciasta na wyłożoną papierem lub natłuszczoną blachę, zostawiając odstęp pomiędzy każdym ciasteczkiem do rozsmarowania.
f) Piec w nagrzanym piekarniku przez 10-15 minut lub do momentu, aż ciasteczka nabiorą złotobrązowego koloru na brzegach.
g) Po upieczeniu wyjmij ciasteczka z piekarnika i pozostaw je na kilka minut do ostygnięcia na blasze, a następnie przenieś je na metalową kratkę, aby całkowicie ostygły.
h) Rozkoszuj się domowymi ciasteczkami z mniszka lekarskiego ze szklanką mleka lub ulubionym gorącym napojem!

71. Ciasteczka z masłem orzechowym i masłem orzechowym

SKŁADNIKI:
- ½ szklanki masła, zmiękczonego
- 1 łyżeczka ekstraktu waniliowego
- ½ szklanki masła orzechowego
- 1 łyżeczka sody oczyszczonej
- ½ szklanki miodu
- 1 Mąkę o wszechstronnym przeznaczeniu
- 1 jajko
- 1 szklanka mąki pełnoziarnistej
- ½ szklanki płatków mniszka lekarskiego (same płatki) luźno zapakowane

INSTRUKCJE:
a) Rozgrzej piekarnik do 400 stopni. Blaszki wyłóż papierem do pieczenia lub silikonowymi matami do pieczenia.
b) Przesiać razem mąkę i sodę oczyszczoną. Odłożyć na bok.
c) Utrzyj masło, masło orzechowe i miód, aż masa będzie jasna i puszysta. Ubij jajko i ekstrakt waniliowy, aż dokładnie się połączą. Do masy maślanej dodać przesiane suche składniki i wymieszać, aż powstanie miękkie ciasto. Złóż płatki mniszka lekarskiego. Na przygotowaną blachę do pieczenia wrzucaj pełne łyżki stołowe.
d) Piec w nagrzanym piekarniku przez 13 do 15 minut lub do momentu, aż krawędzie będą złociste.
e) Studzimy na drucianych stojakach.

72. Ciasteczka z płatkami mniszka lekarskiego i cytryną z mżawką cytrynową z jarmużem

SKŁADNIKI:
DLA PLIKÓW COOKIES:
- ¼ szklanki płatków mniszka lekarskiego, umytych
- 2/3 szklanki (150 ml) oleju roślinnego
- 1/3 szklanki (75 g) cukru pudru
- 1 łyżeczka ekstraktu waniliowego
- 1 łyżka soku z cytryny
- ½ łyżeczki skórki z cytryny
- 1 szklanka (80 g) płatków owsianych
- 1 szklanka (115 g) mąki uniwersalnej
- 1 łyżeczka proszku do pieczenia
- ¼ łyżeczki soli

Mżawka cytrynowa z jarmużem:
- ½ łyżki świeżo wyciśniętego soku z jarmużu
- 1/2 szklanki (65 g) cukru pudru
- 1 łyżka soku z cytryny

INSTRUKCJE:
a) Rozgrzej piekarnik do 220°C (425°F). Blachy do pieczenia wyłóż papierem do pieczenia.
b) Wymieszaj olej, cukier, wanilię, sok z cytryny i skórkę, aż uzyskasz gładką masę. W osobnej misce wymieszaj płatki owsiane, mąkę, proszek do pieczenia, sól i płatki mniszka lekarskiego. Do suchych składników dodać mokre i wymieszać do połączenia.
c) Nakładać łyżką mieszanki na wyłożoną blachę do pieczenia. Delikatnie dociśnij grzbietem widelca. Gotuj przez 7-10 minut lub do momentu, aż zacznie się złocić.
d) Studzimy na blasze przez 10 minut, następnie przekładamy na metalową kratkę do całkowitego wystygnięcia.
e) Na jarmuż i polewę cytrynową:
f) Wymieszaj wszystkie składniki, aż będą gładkie. Polać nim ostudzone ciasteczka.

73. Kruche ciasteczka mniszka lekarskiego

SKŁADNIKI:

- 1 szklanka masła, miękkiego
- 1/2 szklanki cukru
- 1/2 do 1 szklanki płatków mniszka lekarskiego (tylko żółte części)
- 2 1/2 szklanki mąki
- 1 szczypta soli

INSTRUKCJE:

a) Rozgrzej piekarnik do 325 stopni Fahrenheita (165 stopni Celsjusza).
b) W misce miksującej utrzyj miękkie masło i cukier za pomocą miksera na jasną i puszystą masę, około 3 minut.
c) Dodaj płatki mniszka lekarskiego do mieszanki masła i cukru i ubijaj, aż się połączą.
d) Stopniowo dodawaj mąkę i sól do mieszanki, ubijając do całkowitego połączenia. Ciasto może na początku być kruche, ale zacznie się łączyć.
e) Po dodaniu całej mąki ubijaj na niskich obrotach przez kolejną minutę.
f) Ciasto delikatnie zagniatamy rękoma, aż utworzy się zwarta kula.
g) Rozwałkuj ciasto na żądaną grubość i wycinaj kształty za pomocą ulubionych foremek do ciastek.
h) Ciasteczka układamy na blasze wyłożonej papierem do pieczenia.
i) Piecz ciasteczka w nagrzanym piekarniku przez około 20 do 25 minut lub do momentu, aż zaczną się rumienić na spodzie i będą całkowicie upieczone na wierzchu.
j) Wyjmij ciasteczka z piekarnika i przenieś je na kratkę do studzenia. Pozwól im całkowicie ostygnąć, zanim będziesz mógł się nimi delektować.

74.Mniszek Bakława

SKŁADNIKI:

- 1/2 opakowania liści fillo
- 1 kostka masła
- 2 szklanki drobno posiekanych orzechów hikory (można też użyć orzechów włoskich lub pekan)
- 1 łyżeczka cukru
- 1/2 łyżeczki cynamonu
- 1/2 łyżeczki gałki muszkatołowej
- 3/4 szklanki syropu z kwiatu mniszka lekarskiego

INSTRUKCJE:

a) Rozgrzej piekarnik do 190°C (375°F). Posmaruj masłem formę do pieczenia o wymiarach 9 x 13 cali.
b) W misce wymieszaj drobno posiekane orzechy z cukrem, cynamonem i gałką muszkatołową.
c) Rozpuść kostkę masła.
d) Ułóż 8 arkuszy liści fillo na wysmarowanej masłem patelni o wymiarach 9 x 13 cali, smarując co drugi arkusz roztopionym masłem za pomocą pędzla do ciasta.
e) Posyp równomiernie połową mieszanki orzechów na ułożonych warstwowo arkuszach wypełnienia.
f) Na wierzchu mieszanki orzechów ułóż kolejne 8 arkuszy liści fillo, a następnie równomiernie posyp je pozostałą mieszanką orzechów.
g) Na wierzchu ułóż pozostałe arkusze fillo, obficie smarując wierzchnią warstwę roztopionym masłem.
h) Przed pieczeniem ostrożnie pokrój złożoną baklawę na 30 kwadratów (6x5) ostrym nożem.
i) Piec w nagrzanym piekarniku przez około 30 minut lub do złotego koloru.
j) Gdy baklava lekko się zarumieni, wyjmij ją z piekarnika i natychmiast polej gorącą baklawę syropem z kwiatu mniszka lekarskiego o temperaturze pokojowej, gdy jest jeszcze gorąca.
k) Przed podaniem poczekaj, aż baklava całkowicie ostygnie na patelni. Ciesz się tą wyjątkową odmianą tradycyjnej baklawy z zachwycającym smakiem syropu z kwiatu mniszka lekarskiego!

75.Ciasto Miodowo-Mniszkowe

SKŁADNIKI:

- 2 filiżanki mąki uniwersalnej
- 1 szklanka płatków mniszka lekarskiego (świeżych i dokładnie umytych)
- 1 szklanka miodu
- 1 szklanka granulowanego cukru
- 1 szklanka niesolonego masła, zmiękczonego
- 4 jajka
- 1 łyżeczka ekstraktu waniliowego
- 1 łyżeczka proszku do pieczenia
- 1/2 łyżeczki sody oczyszczonej
- 1/2 łyżeczki soli
- 1 szklanka maślanki

INSTRUKCJE:

a) Rozgrzej piekarnik do 175°C (350°F). Nasmaruj tłuszczem i mąką formę do pieczenia o wymiarach 9 x 13 cali.

b) W misce wymieszaj mąkę, proszek do pieczenia, sodę oczyszczoną i sól. Odłożyć na bok.

c) W drugiej misce utrzyj masło, miód i cukier na jasną i puszystą masę.

d) Ubijaj jajka, jedno po drugim, aż dobrze się połączą. Wymieszaj ekstrakt waniliowy.

e) Stopniowo dodawaj suche składniki do mokrych, na zmianę z maślanką i mieszaj, aż składniki się połączą. Uważaj, aby nie przemieszać.

f) Delikatnie złóż płatki mniszka lekarskiego.

g) Ciasto wlać do przygotowanej formy do pieczenia i równomiernie rozprowadzić.

h) Piec w nagrzanym piekarniku przez 30-35 minut lub do momentu, aż wykałaczka wbita w środek będzie czysta.

i) Pozostaw ciasto do ostygnięcia w formie na 10 minut, a następnie przenieś je na metalową kratkę, aby całkowicie ostygło. W razie potrzeby podawaj kawałki ciasta z odrobiną miodu.

76. Batony cytrynowe z mniszka lekarskiego

SKŁADNIKI:
- 1 Mąkę o wszechstronnym przeznaczeniu
- 1/2 szklanki cukru pudru, plus więcej do posypania
- 1/2 szklanki niesolonego masła, zmiękczonego
- 2 łyżki świeżych płatków mniszka lekarskiego (umytych i dokładnie osuszonych)
- 1 szklanka granulowanego cukru
- 2 łyżki mąki uniwersalnej
- 1/2 łyżeczki proszku do pieczenia
- Szczypta soli
- 2 duże jajka
- Skórka z 1 cytryny
- 1/4 szklanki świeżego soku z cytryny

INSTRUKCJE:
a) Rozgrzej piekarnik do 175°C (350°F). Nasmaruj tłuszczem i wyłóż blachę do pieczenia o wymiarach 8 x 8 cali papierem pergaminowym, pozostawiając zwis po bokach w celu łatwego wyjęcia.
b) W misce wymieszaj mąkę, cukier puder, miękkie masło i płatki mniszka lekarskiego. Mieszaj, aż powstanie kruszonka.
c) Wciśnij mieszaninę na dno przygotowanej formy do pieczenia równą warstwą. Piec przez 15-20 minut lub do momentu, aż będzie lekko złocisty.
d) W czasie gdy spód się piecze, przygotuj nadzienie cytrynowe. W drugiej misce wymieszaj granulowany cukier, mąkę, proszek do pieczenia i sól.
e) Dodaj jajka, skórkę i sok z cytryny do suchych składników i wymieszaj, aż dobrze się połączą.
f) Gorący spód wylej nadzieniem cytrynowym i włóż patelnię z powrotem do piekarnika.
g) Piecz przez kolejne 20-25 minut lub do momentu, aż nadzienie się zetnie, a krawędzie będą lekko złociste.
h) Pozwól batonikom całkowicie ostygnąć na patelni ustawionej na metalowej kratce.
i) Po ostygnięciu posypujemy wierzch cukrem pudrem. Pokrój w kwadraty i podawaj.

PRZYPRAWY

77. Marmolada Mniszkowa

SKŁADNIKI:

- 2 ½ szklanki cukru
- ¾ szklanki świeżo wyciśniętego soku pomarańczowego
- 3 łyżki startej organicznej skórki pomarańczowej
- 1 ½ szklanki żółtych płatków kwiatów mniszka lekarskiego (usunięto większość zielonych kawałków)
- ¾ szklanki wody
- 1 (1,75 uncji) opakowanie pektyny Sure-Jell

INSTRUKCJE:

a) Umieść cukier, sok pomarańczowy, skórkę pomarańczową i płatki kwiatów mniszka lekarskiego w misie robota kuchennego lub blenderze.
b) Zmiksuj kilka razy, aż składniki dobrze się wymieszają.
c) W małym rondlu wymieszaj wodę i pektynę na średnim ogniu, aż składniki się dobrze wymieszają.
d) Doprowadzić do twardego wrzenia przez 1 minutę (nie krócej). Ten krok jest niezbędny, aby stworzyć gęstą marmoladę.
e) Zdjąć z ognia i natychmiast dodać gorącą pektynę do mieszanki cukru, podczas pracy malaksera lub blendera.
f) Marmolada tężeje bardzo szybko. Przygotuj 4 wysterylizowane słoiki i pokrywki do napełnienia, zamknięcia i przechowywania w lodówce.
g) Podawać na toście na śniadanie lub jako glazura do piersi z kurczaka.

78. Świeże pesto z mniszka lekarskiego

SKŁADNIKI:
- 2 szklanki ziela mniszka lekarskiego
- 1/2 szklanki oliwy z oliwek
- 1/2 szklanki startego parmezanu 2 łyżeczki zmiażdżonego czosnku
- sól do smaku (opcjonalnie)
- 1 szczypta płatków czerwonej papryki lub do smaku (opcjonalnie)

SKŁADNIKI:
a) W robocie kuchennym dodaj wszystkie składniki i pulsuj, aż masa będzie gładka.

79. Syrop z kwiatu mniszka lekarskiego

SKŁADNIKI:

- 1 litr kwiatów mniszka lekarskiego
- 1 kwarta (4 szklanki) wody
- 4 szklanki cukru
- 1/2 cytryny lub pomarańczy (jeśli to możliwe organiczne), posiekane (ze skórką i w całości) - opcjonalnie

INSTRUKCJE:

a) Umieść kwiaty mniszka lekarskiego i wodę w garnku. Doprowadzić mieszaninę do wrzenia, następnie wyłączyć ogień, przykryć garnek i odstawić na noc.

b) Następnego dnia odcedź mieszaninę, aby oddzielić płyn od zwiędłych kwiatów. Naciśnij kwiaty, aby wydobyć jak najwięcej płynu.

c) Do przecedzonego płynu dodaj cukier i pokrojone cytrusy (jeśli używasz).

d) Powoli podgrzewaj mieszaninę w garnku, od czasu do czasu mieszając, przez kilka godzin lub do momentu, aż uzyska gęstą konsystencję syropu przypominającą miód. Może to zająć trochę czasu, dlatego należy zachować cierpliwość i od czasu do czasu mieszać, aby zapobiec przypaleniu.

e) Gdy syrop osiągnie pożądaną konsystencję, zdejmij go z ognia.

f) Syrop można przechowywać w półlitrowych lub 1-litrowych słoikach. Upewnij się, że przestrzegasz odpowiednich procedur konserwowania, aby mieć pewność, że słoiki są odpowiednio zamknięte.

g) Rozkoszuj się domowym syropem z kwiatu mniszka lekarskiego jako słodzikiem w różnych przepisach lub podaruj go jako przemyślany, domowy prezent w okresie świątecznym.

80. Galaretka Mniszkowa Z Miodem

SKŁADNIKI:

- 1 szklanka (około 100 kwiatów) płatków mniszka lekarskiego
- 1¾ szklanki wody
- 1 szklanka miodu lub 2 szklanki cukru organicznego lub niemodyfikowanego genetycznie
- 1 ½ łyżeczki soku z cytryny

INSTRUKCJE:

a) Po zebraniu mleczy umyj je i usuń łodygi, tak aby pozostał tylko kwiat.
b) Należy usunąć zieloną podstawę kwiatu; żółte płatki zostaną zachowane na galaretkę. Najprostszym sposobem na usunięcie płatków jest rozerwanie podstawy kwiatu, otwarcie kwiatu, wybranie żółtych płatków i włożenie ich do miarki.
c) Prawie niemożliwe jest, aby nie wymieszać zielonej części z płatkami, ponieważ palce staną się lepkie. Dodanie odrobiny zieleni nie wpłynie na smak, ale postaraj się je rozdzielić.
d) Usuń płatki z zielonej podstawy.
e) Następnie w średnim rondelku dodaj płatki mniszka lekarskiego do wody i gotuj na wolnym ogniu przez 10 minut. Pozostaw patelnię do ostygnięcia, przełóż do szklanej miski i przykryj na noc. Mieszankę mniszka lekarskiego można pozostawić w temperaturze pokojowej.
f) Zagotować i ostudzić przez noc.
g) Po namoczeniu płatków przez noc użyj drobnego sitka, aby oddzielić płyn z mniszka lekarskiego od płatków. Tylną częścią łyżki wciśnij płatki na sitko, aby usunąć z nich nadmiar płynu. W średniej wielkości, niereaktywnym rondlu podgrzej płyn z mniszka lekarskiego, miód lub cukier i sok z cytryny i zagotuj. Postępuj zgodnie ze wskazówkami na opakowaniu dotyczącymi dodawania pektyny. Po dodaniu pektyny wyłącz ogień i rozpocznij kolejny krok.
h) Odcedź płatki z płynu.
i) Gorącą galaretkę przelej do wcześniej przygotowanych słoików. Użyj lejka, aby bezpiecznie przenieść galaretkę, pozostawiając ¼ cala wolnej przestrzeni.

j) Wytrzyj brzegi słoików zwilżonym, czystym, niestrzępiącym się ręcznikiem lub ręcznikiem papierowym i ponownie suchym ręcznikiem.
k) Umieść pokrywkę konserwową na słoiku i przekręć pierścień, aż będzie dobrze przylegał do słoika. Umieść słoiki w zbiorniku do kąpieli wodnej i przykryj pokrywką. Gdy woda zacznie wrzeć, uruchom minutnik i gotuj w łaźni wodnej przez 10 minut.
l) Ostrożnie wyjmij słoiki z łaźni wodnej za pomocą szczypiec do konserw i umieść je na wyłożonej ręcznikiem powierzchni na 12 godzin bez dotykania.
m) Po 12 godzinach zdejmij pierścienie ze słoików i sprawdź, czy wszystkie pokrywki są dobrze zamknięte na słoikach, a następnie opisz i opatrz datą słoiki. Po zerwaniu plomby przechowywać w lodówce.

81. Musztarda Mniszkowa

SKŁADNIKI:
- 1 szklanka nasion gorczycy żółtej (w całości)
- 1/2 szklanki syropu z kwiatu mniszka lekarskiego
- 3 ząbki czosnku, posiekane
- 1 1/4 szklanki octu mniszkowego
- 1 szklanka puree ze świeżych liści mniszka lekarskiego
- 3/4 łyżeczki soli

INSTRUKCJE:
a) Namocz nasiona gorczycy w occie mniszka lekarskiego na kilka godzin lub na noc.
b) Do namoczonych nasion gorczycy dodaj przeciśnięty przez praskę czosnek, syrop z kwiatu mniszka lekarskiego, puree z liści mniszka lekarskiego i sól.
c) Wszystkie składniki dobrze wymieszaj i odstaw na kilka dni pod przykryciem, żeby zmiękły.
d) Po kilku dniach przełóż masę musztardową do małych słoiczków. (1/4 litra działa dobrze)
e) Przechowuj słoiki z musztardą w lodówce, gdzie będzie dobrze przechowywana przez wiele miesięcy. Alternatywnie możesz umieścić go we wrzącej łaźni wodnej na 10 minut, aby uszczelnić.

82. Winegret z mniszka lekarskiego

SKŁADNIKI:

- 1 1/2 szklanki oliwy z oliwek
- 3/4 szklanki octu mniszkowego (przygotowanego według powyższego przepisu)
- 4 ząbki czosnku
- 1/2 łyżeczki soli
- 2 łyżki musztardy mniszkowej (lub musztardy Dijon)
- 3 łyżki syropu z kwiatu mniszka lekarskiego
- 2 szklanki świeżej, posiekanej zieleniny mniszka lekarskiego

INSTRUKCJE:

a) Połącz wszystkie składniki (z wyjątkiem zieleniny mniszka lekarskiego) w blenderze lub robocie kuchennym.
b) Mieszaj, aż dobrze się połączą i będą gładkie.
c) Przed podaniem polej posiekaną zieleninę mniszka lekarskiego przygotowanym winegretem.
d) Rozkoszuj się pysznym Vinaigrette Dandelion podawanym do świeżych sałatek lub jako marynata do grillowanych warzyw i mięs!

83. Galaretka Mniszkowa

SKŁADNIKI:
- 4 szklanki płatków mniszka lekarskiego, bez zielonych kawałków
- 4 szklanki wody
- 1 łyżka soku z cytryny
- 1 opakowanie pektyny w proszku Sure-Jell
- 4 1/2 szklanki cukru

INSTRUKCJE:
a) Umieść płatki kwiatów mniszka lekarskiego w garnku i dodaj wodę. Doprowadzić do wrzenia, a następnie zmniejszyć ogień do minimum. Gotuj na wolnym ogniu przez 10 minut, następnie wyłącz ogień i pozostaw garnek do ostygnięcia.
b) Użyj torebki z galaretką lub filtra do kawy, aby odcedzić kwiaty z wody. Potrzebujesz 3 filiżanek naparu z mniszka lekarskiego, ale możesz mieć trochę więcej.
c) W dużym garnku wymieszaj napar z mniszka lekarskiego, sok z cytryny i sproszkowaną pektynę. Wymieszaj i doprowadź tę mieszaninę do wrzenia.
d) Dodaj cały cukier na raz, ciągle mieszając, i ponownie zagotuj mieszaninę. Gotuj przez 1 minutę.
e) Zdejmij galaretkę z ognia, usuń piankę z wierzchu i rozłóż ją do wyparzonych, gorących słoików.
f) Słoiki zakręcamy i pasteryzujemy w łaźni wodnej przez 10 minut.

84. Pesto z pestek dyni mniszka lekarskiego

SKŁADNIKI:

- 3/4 szklanki niesolonych, łuskanych (zielonych) nasion dyni
- 3 ząbki czosnku, posiekane
- 1/4 szklanki świeżo startego parmezanu
- 1 pęczek mniszka lekarskiego (około 2 filiżanek, luźno zapakowanych)
- 1 łyżka soku z cytryny
- 1/2 szklanki oliwy z oliwek z pierwszego tłoczenia
- 1/2 łyżeczki soli koszernej
- Czarny pieprz do smaku

INSTRUKCJE:

a) Rozgrzej piekarnik do 350°F. Rozłóż pestki dyni na blasze do pieczenia o płytkich brzegach i piecz, aż zacznie wydzielać zapach, około 5 minut. Wyjąć z piekarnika i pozostawić do ostygnięcia.

b) W misie robota kuchennego zmiksuj czosnek i pestki dyni, aż będą bardzo drobno posiekane.

c) Do robota kuchennego dodaj parmezan, ziele mniszka lekarskiego i sok z cytryny. Przetwarzaj w sposób ciągły, aż do połączenia. Od czasu do czasu zatrzymuj robota, aby zeskrobać boki miski. Uwaga: pesto będzie bardzo gęste i po pewnym czasie może być trudne w obróbce, ale nie ma w tym nic złego.

d) Przy włączonym robocie kuchennym powoli wlewaj oliwę z oliwek i miksuj, aż pesto będzie gładkie.

e) Dodaj sól i pieprz do smaku i potrząśnij jeszcze kilka razy, aby połączyć.

85. Masło z miodem mniszkowym

SKŁADNIKI:

- 1/2 szklanki niesolonego masła, zmiękczonego
- 2 łyżki płatków mniszka lekarskiego (umytych i dokładnie osuszonych)
- 2 łyżki miodu

INSTRUKCJE:

a) W misce wymieszaj miękkie masło, płatki mniszka lekarskiego i miód.
b) Mieszaj, aż płatki mniszka lekarskiego zostaną równomiernie rozłożone na maśle.
c) Przełóż masło z miodem mniszkowym do naczynia do serwowania lub uformuj wałek za pomocą papieru pergaminowego.
d) Masło schłodzić w lodówce, aż stanie się twarde. Podawać schłodzone lub w temperaturze pokojowej.

86. Mniszek lekarski Chimichurri

SKŁADNIKI:
- 1 szklanka świeżych liści mniszka lekarskiego (umytych i posiekanych)
- 1/4 szklanki świeżych liści pietruszki
- 2 ząbki czosnku, posiekane
- 1/4 szklanki oliwy z oliwek
- 2 łyżki czerwonego octu winnego
- 1 łyżeczka suszonego oregano
- Sól i pieprz do smaku

INSTRUKCJE:
a) W robocie kuchennym lub blenderze połącz liście mniszka lekarskiego, pietruszkę, czosnek, oliwę z oliwek, ocet z czerwonego wina i suszone oregano.
b) Pulsuj, aż mieszanina osiągnie pożądaną konsystencję.
c) Dopraw solą i pieprzem do smaku. W razie potrzeby dopraw przyprawami.
d) Przełóż chimichurri z mniszka lekarskiego do miski i odstaw na co najmniej 15 minut przed podaniem, aby smaki się połączyły.

87. Ocet z kwiatów mniszka lekarskiego

SKŁADNIKI:

- 1 szklanka kwiatów mniszka lekarskiego (umytych i dokładnie osuszonych)
- 2 szklanki octu (takiego jak ocet jabłkowy lub ocet z białego wina)

INSTRUKCJE:

a) Umieść kwiaty mniszka lekarskiego w czystym szklanym słoju.
b) Ocet podgrzej w rondlu, aż będzie tuż przed zagotowaniem.
c) Wlać gorący ocet na kwiaty mniszka lekarskiego w słoiku, całkowicie je zakrywając.
d) Zakręć słoik pokrywką i odstaw w chłodne, ciemne miejsce na co najmniej 2 tygodnie do zaparzenia.
e) Po 2 tygodniach odcedź ocet, aby usunąć kwiaty mniszka lekarskiego. Przenieś ocet z kwiatu mniszka lekarskiego do czystej butelki lub słoika w celu przechowywania.

88. Masło złożone z płatków mniszka lekarskiego

SKŁADNIKI:

- 1/2 szklanki niesolonego masła, zmiękczonego
- 1/4 szklanki płatków mniszka lekarskiego (umytych i dokładnie osuszonych)
- 1 łyżka soku z cytryny
- Skórka z 1 cytryny
- Sól dla smaku

INSTRUKCJE:

a) W misce wymieszaj miękkie masło, płatki mniszka lekarskiego, sok z cytryny, skórkę z cytryny i sól.
b) Mieszaj, aż płatki mniszka lekarskiego zostaną równomiernie rozłożone na maśle.
c) Nałóż masło z płatków mniszka lekarskiego na kawałek plastikowego opakowania lub papieru pergaminowego.
d) Z masła uformuj wałek i skręć końce, aby je złączyć.
e) Masło schłodzić w lodówce, aż stanie się twarde. Pokrój i podawaj na grillowanych mięsach, warzywach lub pieczywie.

Koktajle i koktajle

89. Mniszek Chai

SKŁADNIKI:
- 1 szklanka prażonego korzenia mniszka lekarskiego
- 6 łyżek nasion kopru włoskiego lub anyżu
- 36 zielonych strąków kardamonu
- 72 goździki
- 6 lasek cynamonu
- 2 łyżki suszonego korzenia imbiru
- 1 ½ łyżeczki czarnego pieprzu
- 12 liści laurowych

INSTRUKCJE:
a) Dodaj 1 łyżkę mieszanki herbaty na każdą szklankę wody. Gotuj na wolnym ogniu przez 5 minut, a następnie pozostaw do zaparzenia na 10 minut.
b) Dodaj 1 łyżkę miodu lub brązowego cukru (lub syropu z mniszka lekarskiego) na filiżankę.
c) Dodaj 2 łyżki mleka lub śmietanki na filiżankę. Delikatnie podgrzej i podawaj.

90.Piwo Mniszka I Łopianu

SKŁADNIKI:
- 1 funt młodych pokrzyw
- 4 uncje Liście mniszka lekarskiego
- 4 uncje Korzeń łopianu, świeży, pokrojony w plasterki – LUB – 2 uncje. Suszony korzeń łopianu, pokrojony w plasterki
- 1/2 uncji Korzeń imbiru, posiniaczony
- Po 2 cytryny
- 1 g wody
- 1 funt +4 t. miękki brązowy cukier
- 1 uncja. Krem z kamienia winnego
- Drożdże piwne (ilość znajdziesz w instrukcji producenta)

INSTRUKCJE:
a) Do dużego garnka włóż pokrzywy, liście mniszka lekarskiego, łopian, imbir i cienko okrojone skórki cytryn. Dodaj wodę.
b) Doprowadzić do wrzenia i gotować na wolnym ogniu przez 30 minut.
c) Do dużego pojemnika włóż sok z cytryn, 1 funt cukru i krem z kamienia nazębnego, przelej płyn przez sitko, dobrze dociskając pokrzywy i pozostałe składniki.
d) Mieszaj, aby rozpuścić cukier.
e) Ochłodzić do temperatury pokojowej.
f) Posypać drożdżami.
g) Przykryj piwo i odstaw do wyrośnięcia w ciepłe miejsce na 3 dni.
h) Odlej piwo i butelkuj, dodając t. cukier na litr.
i) Butelki należy pozostawić w spokoju do czasu, aż piwo będzie klarowne – około 1 tygodnia.

91. Sok z zielonych warzyw

SKŁADNIKI:
- 2 garści liści jarmużu
- 2 liście boćwiny
- 1 duża garść liści szpinaku
- ½ ogórka
- 1 mała zielona cukinia
- 3 łodygi selera
- 2 liście mniszka lekarskiego (duże)
- 2 łodygi świeżego majeranku
- odrobina soku z cytryny (opcjonalnie)

INSTRUKCJE:
a) Wszystkie warzywa i zioła umyj, wyciśnij sok i dokładnie wymieszaj.
b) Jeśli chcesz, dodaj sok z cytryny do smaku lub
c) jeśli wolisz mocniejszy smak cytryny, dodaj jedną ósmą cytryny (najlepiej organiczne) i dobrze wymieszaj, aż się wymiesza.

92.Smoothie Z Mniszkiem I Bazylią

SKŁADNIKI:
- ½ łyżeczki cynamonu
- 1 łyżka prażonego korzenia mniszka lekarskiego
- 1 łyżeczka sproszkowanego korzenia ashwagandhy
- 1 łyżeczka sproszkowanej bazylii
- 2 szklanki mleka orzechowego
- 5–7 kostek lodu

INSTRUKCJE:
a) Zmiksuj składniki na gładką konsystencję.

93.Wciąż Pokój Amaro

SKŁADNIKI:
- 1 łyżeczka suszonych kwiatów rumianku
- 1 łyżeczka suszonych nasion kopru włoskiego
- 3 całe goździki
- 2 łyżki prażonych orzechów włoskich
- 1 pomarańcza, najlepiej ekologiczna
- 1 łyżka suszonego korzenia mniszka lekarskiego
- 1 łyżka posiekanej świeżej mięty
- 1 łyżka posiekanego świeżego rozmarynu
- 1 łyżka posiekanej świeżej szałwii
- 1 laska wanilii
- ½ łyżeczki kolendry
- 3 szklanki wódki lub Everclear (najlepiej 100 do 150 dowód, aby wyekstrahować żywice i gorzkie związki)
- 1 szklanka wody
- 1 szklanka cukru

INSTRUKCJE:

a) Rumianek, nasiona kopru włoskiego, goździki i prażone orzechy włoskie włóż do papierowej torebki i kilka razy wstrząśnij wałkiem do ciasta. Włóż popękane przyprawy i orzechy do litrowego słoika.
b) Za pomocą obieraczki do warzyw usuń skórkę z pomarańczy (bez białego rdzenia) i pokrój ją w cienkie paski.
c) Do słoika dodaj skórkę pomarańczową, korzeń mniszka lekarskiego, miętę, rozmaryn, szałwię i laskę wanilii.
d) Dodaj wódkę lub Everclear. Wymieszaj, przykryj i oznacz etykietą, podając zawartość i datę. Pozostawić do zaparzenia w ciemnym miejscu na 6 tygodni. Zaznacz w kalendarzu 6 tygodni do przodu, aby nie zapomnieć o wysiłku.
e) Po 6 tygodniach przecedź płyn przez sitko o drobnych oczkach do czystego 1-litrowego słoika. Wyrzucić ciała stałe.
f) Przygotuj prosty syrop, podgrzewając wodę i cukier na średnim ogniu, aż cukier się rozpuści.
g) Do wódki ziołowej dodawaj ciepły syrop (lub zamiennik miodu lub syropu klonowego) w porcjach po ¼ szklanki, dokładnie mieszając i smakując, aż uzyskasz odpowiednią dla siebie kombinację gorzkiego i słodkiego smaku.
h) Z wiekiem amaro będzie mięknąć i smakować coraz lepiej.

94.Sok z liści karczocha i kopru włoskiego

SKŁADNIKI:
- 1 łyżeczka liści karczocha, drobno posiekanych
- 1 średnia bulwa kopru włoskiego
- 4 świeże liście mniszka lekarskiego
- 4 łodygi selera
- 1/2 cukinii

INSTRUKCJE:
a) Ze wszystkich składników wyciśnij sok, dokładnie wymieszaj i wypij.
b) Jeśli uznasz, że sok jest zbyt gorzki, rozcieńcz go wodą mineralną, aż będzie smaczny.

95. Pikantny koktajl z ananasa i rukoli

SKŁADNIKI:
- 4 małe chili habanero
- 4 łyżki miodu
- 1 szczypta mielonej gałki muszkatołowej
- 1 funt liści mniszka lekarskiego
- 1 funt liści rukoli
- 8 uncji soku ananasowego

INSTRUKCJE:
a) W rondlu podgrzej habanero z miodem, gałką muszkatołową i 4 uncjami wody, aż mieszanina stanie się gęsta.
b) Zmieszaj mieszaninę habanero, liście mniszka lekarskiego, rukolę, sok ananasowy i 4 uncje wody, aż uzyskasz gładką masę.
c) Odcedzić i przechowywać w lodówce aż do schłodzenia.
d) Wlać mieszaninę do 4 szklanek i natychmiast podawać.

96. Lemoniada Mniszkowa

SKŁADNIKI:
- 1 szklanka płatków mniszka lekarskiego (tylko żółte części)
- 1 szklanka świeżo wyciśniętego soku z cytryny
- 1/2 szklanki miodu
- 4 szklanki wody
- Kostki lodu

INSTRUKCJE:
a) W dzbanku połącz płatki mniszka lekarskiego, sok z cytryny, miód i wodę.
b) Mieszaj, aż miód się rozpuści.
c) Schłodzić przez kilka godzin.
d) Podawać z lodem. Wyjątkowa i kwiatowa lemoniada!

97.Wino z mniszka lekarskiego Bradbury

SKŁADNIKI:
- 6-8 szklanek mniszka lekarskiego, lekko zapakowanych
- 1 galon wody
- 3 funty cukru lub 3,5 funta. Miód
- 1 łyżeczka. pożywka dla drożdży
- ¼ łyżeczki tanina
- 3 łyżeczki. mieszanka kwasowa lub sok z 2 świeżych cytryn
- 1 tabletka Campden, pokruszona (opcjonalnie)
- 1 opakowanie szampana lub drożdży Montrachet

INSTRUKCJE:
a) Zbieraj mlecze w miejscach niezanieczyszczonych spalinami samochodowymi lub psimi. Może to nie być łatwe, ponieważ mlecze uwielbiają nierówny grunt, np. pobocza dróg. Upewnij się, że mlecze nie zostały spryskane herbicydem.
b) Zbierz te i wszystkie kwiaty, gdy będą w pełnym rozkwicie, a poranna rosa wyschnie. Wtedy zapach jest najlepszy.
c) Zbieranie ich jest trochę uciążliwe, ponieważ są nisko nad ziemią, ale załóż nakolanniki i idź do nich. Wino jest tego warte.
d) Większość ludzi nie zdaje sobie sprawy, jak pachnące są mlecze. Są moimi ulubionymi kwiatami.
e) Po zerwaniu usuń wszystkie zielone części, zwłaszcza łodygę, która jest gorzka. Przetwarzaj je jak najszybciej, bez prania, aby zachować delikatny zapach. Wino nie będzie żółte. Wiele osób uważa, że tak powinno być, ale tak nie jest. W rzeczywistości kolor wcale nie jest zbyt cudowny. Smak jest.
f) Wino mniszkowe przechowuj przez rok przed wypiciem. Lubię to na sucho, na sucho. Ustabilizuj i osłodź, jeśli myślisz, że poczujesz się z tym inaczej. Przeczytaj książki pana Bradbury'ego, ale uważaj, jeśli nie będziesz dzielić z nim windy.

98. Miętowo-zielony koktajl malinowy

SKŁADNIKI:
- 1 ½ szklanki ziela mniszka lekarskiego
- ¼ szklanki posiekanej mięty
- 2 ½ szklanki mrożonych malin
- 2 pestki daktyli Medjool (namoczone i zmiękczone)
- 2 łyżki zmielonego siemienia lnianego
- ½ szklanki wody

INSTRUKCJE:
a) Zacznij od wody, następnie dodaj wszystkie składniki i mieszaj do połączenia.

99. Pikantny sok z liści mniszka lekarskiego

SKŁADNIKI:
- 1 żarówka radicchio
- 1 pęczek zieleniny mniszka lekarskiego
- 1 pęczek świeżej kolendry
- 1 limonka
- Odrobina pieprzu cayenne

INSTRUKCJE:
a) Przetwarzaj składniki w sokowirówce zgodnie ze wskazówkami producenta.

100.Smaczny tropikalny smoothie

SKŁADNIKI:
- ½ szklanki mrożonego kiwi
- ½ szklanki mrożonej papai
- 1 szklanka mrożonego mango
- 1 szklanka mrożonego ananasa
- 1 szklanka mikrogreenów mniszka lekarskiego
- 1 szklanka świeżego soku pomarańczowego

INSTRUKCJE:
a) Połącz wszystkie składniki w blenderze, zmiksuj na gładką masę.

WNIOSEK

Kończąc naszą podróż po świecie kuchni mniszkowej, mam nadzieję, że poczujesz inspirację do odkrycia dzikiej strony gotowania i wykorzystania kulinarnego potencjału tego skromnego, ale wszechstronnego składnika. „Kompletna książka kucharska Dandelion" została stworzona z pasji do zdrowej, zrównoważonej kuchni, celebrującej piękno i obfitość bogactw natury.

Kontynuując swoje kulinarne przygody, pamiętaj, że mniszek lekarski to coś więcej niż tylko chwast – to pożywny i aromatyczny składnik, który czeka na odkrycie. Niezależnie od tego, czy delektujesz się orzeźwiającą sałatką z mniszka lekarskiego, popijasz orzeźwiającą herbatę z mniszka lekarskiego, czy też delektujesz się dekadenckim deserem z mniszka lekarskiego, niech każdy kęs będzie celebracją bogactwa i różnorodności świata przyrody.

Dziękuję, że towarzyszysz mi w tej kulinarnej podróży. Niech Twoja kuchnia zawsze będzie pełna kreatywności, posiłki zawsze zdrowe, a Twoje uznanie dla dzikiej strony kuchni stale rośnie. Do ponownego spotkania, miłego gotowania i smacznego!

www.ingramcontent.com/pod-product-compliance
Lightning Source LLC
Chambersburg PA
CBHW070403120526
44590CB00014B/1232